実は、一菜でいい。

おいしいおかずが一品あれば、
それで充分という提案

「賛否両論」笠原将弘

はじめに

この本は、『レタスクラブ』に連載させていただいている
「賛否両論 四季惣菜」のレシピを一冊にまとめたものである。
今までの私のレシピ本とひとつ違うのは、私が思っていること、考えていること、
伝えたいことをかなりのボリュームの文章で書かせていただいたことだ。
ここ10年以上、毎日、自店「賛否両論」では日本料理を、
お店以外の雑誌、テレビ、レシピ本、料理教室などの仕事では、
数えきれないほどいろいろな料理を作ってきた。

気づけば私ももうすぐ50代。
イケメン若手シェフともまったくいわれなくなってしまったが、
そのかわり、若い頃にはまったく考えつかなかったこと、
思わなかったこと、気づかなかったことがいろいろわかるようになってきた。

そして最近の家庭料理を取り巻く状況に少なからず違和感を覚えるようになってしまった。
インスタ映えばかり意識した盛りつけ。レシピがないと何も作れない若い女性。
本や雑誌を見れば、ズボラだ、手抜きだ、ほったらかしだと
料理に似つかわしくない言葉ばかりが並ぶ。家庭料理がバズる必要などまったくない。
いつから日本はこんなになってしまったのか？　このままでいいのだろうか？
コロナ禍で家にいる時間が増えた今こそ家庭料理のあり方を見直すべきではないのか？

この本を最後まで読んでいただければ、
きっと私の伝えたかったことがわかっていただけると思う。
そんな怖い本ではない。
さて、私と楽しい料理の旅に出かけようではないか。

賛否両論　笠原将弘

目次

煮る

揚げる

ゆでる・あえる

本書は『レタスクラブ』2016年12月24日増刊号〜2020年11月増刊号に掲載された記事「賛否両論 四季惣菜」に、加筆、再構成しています。

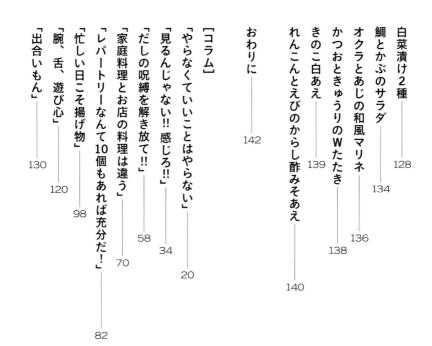

●大さじ1＝15mℓ、小さじ1＝5mℓ、1カップ＝200mℓです。
●みりんは本みりん、酒は日本酒を使用しています。
●火加減は特に表記のないかぎり、中火を表わしています。
●オーブントースターの加熱時間は1000Wのものを基準にしています。
●野菜は特に表記がないかぎり、皮をむき、へた、種、わたなどを除いています。

デザイン 津村正二
撮影 日置武晴
スタイリング 池水陽子
栄養計算 スタジオ食
校正 新居智子
根津桂子
編集・構成 赤澤かおり

焼く・炒める

豚かぶら

かぶの皮はむかずにしっかり焼き、
外は香ばしく、中はトロトロに。
ゆでた豚肉と合わせ、深い甘みと香ばしい
焼き目をまるごと味わう最強の一皿。

●材料(3〜4人分)

かぶ(葉つき)……4個
豚バラ薄切り肉……200g
A 酒……大さじ3
A みりん……大さじ2
A 塩……小さじ1/2
サラダ油……大さじ2
粗びき黒こしょう……少々

●作り方

1 かぶは葉を切り分け、皮つきのまま縦1cm幅に切る。葉は2個分を3cm長さに切る。

2 豚肉は一口大に切る。鍋に湯を沸かしてさっとゆで、ざるにあけて湯をきる。

3 フライパンに油を熱し、かぶを並べ入れ、両面に焼き目がつくまで焼く。

4 **2**と葉を加えてさっと炒め合わせ、**A**を加えて約1分炒めからめる。

5 器に盛り、こしょうをふる。

※残った葉はみそ汁や炒め物に使ってください。

○1人分271kcal／塩分0.8g

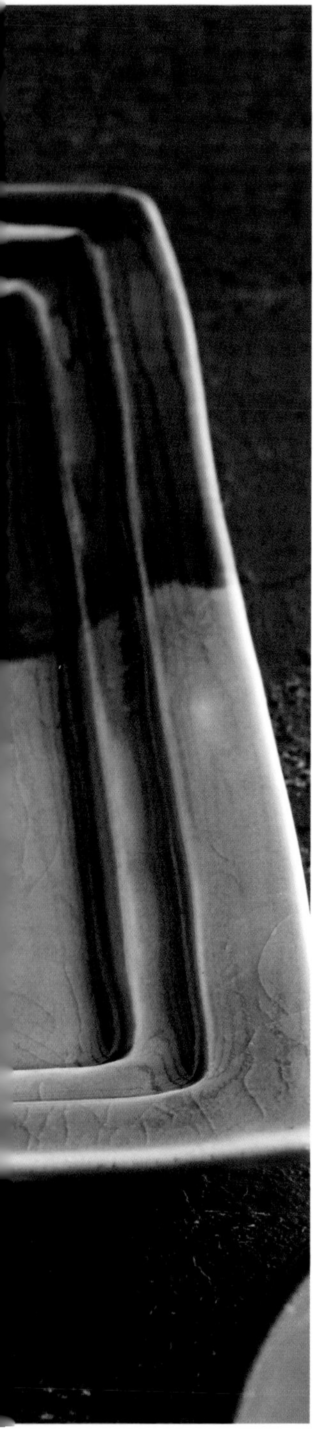

●材料(4人分)

しいたけ……12枚

A
- とりひき肉……100g
- 長ねぎのみじん切り……1/3本分
- ご飯……150g
- 白いりごま……大さじ1
- しょうゆ……大さじ1
- 砂糖……小さじ1
- 粗びき黒こしょう……少々

片栗粉……適量

サラダ油……大さじ1

酒……大さじ3

塩……適量

すだち……1個

●作り方

1 ボウルに**A**を入れ、手でよく練り混ぜる。

2 しいたけは軸を除き、かさの裏側に片栗粉を薄くまぶす。

3 かさの裏側に**1**を詰め、全体に片栗粉を薄くまぶす。

4 フライパンに油を熱し、**3**を肉の面を下にして並べ入れる。焼き目がついたら上下を返して、かさの面も焼く。焼き目がついたら酒をふり、ふたをして弱火で5〜6分蒸し焼きにする。仕上げに塩を全体に軽くふる。

5 器に盛り、すだちをくし形に切って添える。

○1人分170kcal／塩分0.9g

しいたけのもっちり肉詰め焼き

ご飯を加えてモチモチ感をプラスした肉だねを
肉厚しいたけにこんもり詰め、色よく焼き上げたボリューミーな惣菜。
しいたけとひき肉の、Wジューシー。

鮭ときのこの
ごちそう焼き

コクと甘みを携えた秋鮭を香ばしく焼き、
きのこ類を合わせたふわふわ半熟いり卵を
のせてトースターで焼くだけの、ごちそう料理。
あっという間にできちゃいます。

●材料(4人分)

生鮭 …………… 4切れ
しめじ、まいたけ ……… 各1パック(約100g)
玉ねぎ …………… 1/2個
A［酒、しょうゆ …………… 各大さじ1
　 砂糖 …………… 大さじ1/2
卵 …………… 3個
粉チーズ …………… 大さじ2
塩 …………… 適量
サラダ油 …………… 大さじ2
すだち …………… 2個

●作り方

1 しめじ、まいたけは細かくほぐす。玉ねぎは縦薄切りにする。
2 鮭の両面に軽く塩をふる。フライパンに油大さじ1を熱し、鮭を皮目を下にして並べ入れて焼く。両面にこんがりと焼き目をつけ、取り出す。
3 フライパンをきれいにし、油大さじ1を熱し、**1**を炒める。しんなりしたら**A**を加え、炒め合わせる。
4 卵を溶きほぐし、**3**に加えて弱火にする。全体にからめながら、半熟状のところで火を止める。
5 オーブントースターの受け皿にアルミホイルを敷く。**2**の鮭を皮目を下にして並べ、**4**をのせて粉チーズをふる。トースターで焼き目がつくまで焼く。

6 器に盛り、すだちを半分に切って添える。

○1人分261kcal／塩分1.6g

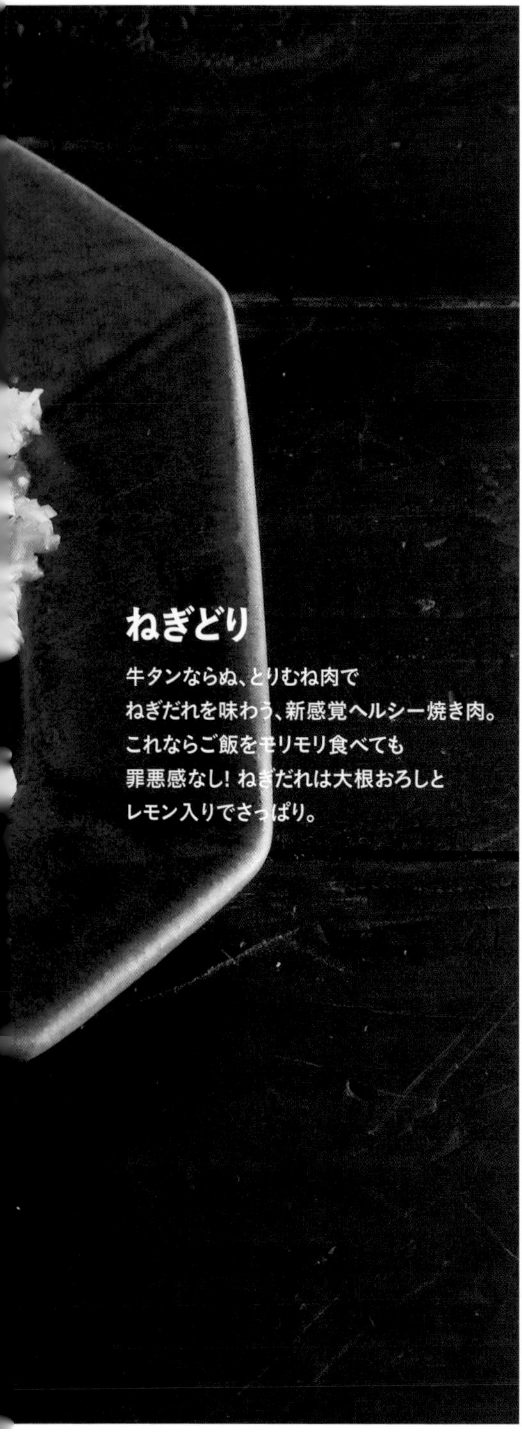

ねぎどり

牛タンならぬ、とりむね肉で
ねぎだれを味わう、新感覚ヘルシー焼き肉。
これならご飯をモリモリ食べても
罪悪感なし! ねぎだれは大根おろしと
レモン入りでさっぱり。

●材料(3〜4人分)

長ねぎ……1本
とりむね肉……小2枚(約400g)
大根……150g
A
- レモン汁……1個分
- 昆布茶、塩……各小さじ1
- 白いりごま……大さじ1
- ごま油……大さじ3
- 粗びき黒こしょう……小さじ1/2

塩……適量
サラダ油……大さじ1

●作り方

1 ねぎは両面に、斜めに蛇腹状に切り目を入れてから横薄切りにする(みじん切りになる)。

2 大根はすりおろして、汁けを軽く絞る。

3 ボウルに**1**と**2**、**A**を入れて混ぜ、約20分おく。

4 とり肉は皮を除き、薄いそぎ切りにする。両面に軽く塩をふる。

5 フライパンに油を熱し、**4**を並べ入れる。うすく焼き目がついたら上下を返し、同様に焼く。

6 器に盛り、**3**適量を肉にかける。

※余った**3**のねぎだれは密閉容器に入れ、冷蔵室で約1週間保存可能。

○1人分230kcal/塩分2.3g

焼きさばみそ

カリッと香ばしく焼いた脂がのったさばに、
卵黄と砂糖を加えた甘みそをのせ、
さらに焼き上げること1分。
ご飯にもお酒にも合う一皿が完成!
すだちをキュッと搾ってどうぞ。

●材料(3～4人分)

さば(半身)……2枚

A
- 卵黄……2個分
- みそ……80g
- 砂糖、酒……各大さじ3

おろししょうが……10g

塩……適量

万能ねぎの小口切り……適量

白いりごま……適量

すだち……1個

●作り方

1 さばは腹骨があればそぎ、小骨を除く。皮目に5㎜間隔の切り目を浅く入れ、4等分に切る。両面に塩を薄くふり、約20分おく。出てきた水けは拭き取る。

2 小鍋に**A**を入れ、弱火にかける。木べらで練り混ぜ、ポテッとしたら火を止める。しょうがを加えて混ぜる。

3 魚焼きグリルの網にアルミホイルをのせて**1**のさばを並べ、両面を約6分かけて焼く。

4 さばの皮目に**2**のみそ適量をぬり、表面に焼き目がつくまで弱火で約1分焼く。器に盛り、万能ねぎと白ごまをのせ、すだちを四つ割りにして添える。

※余った**2**のしょうが甘みそは密閉容器に入れ、冷蔵室で約2週間保存可能。

○1人分294kcal／塩分2.3g

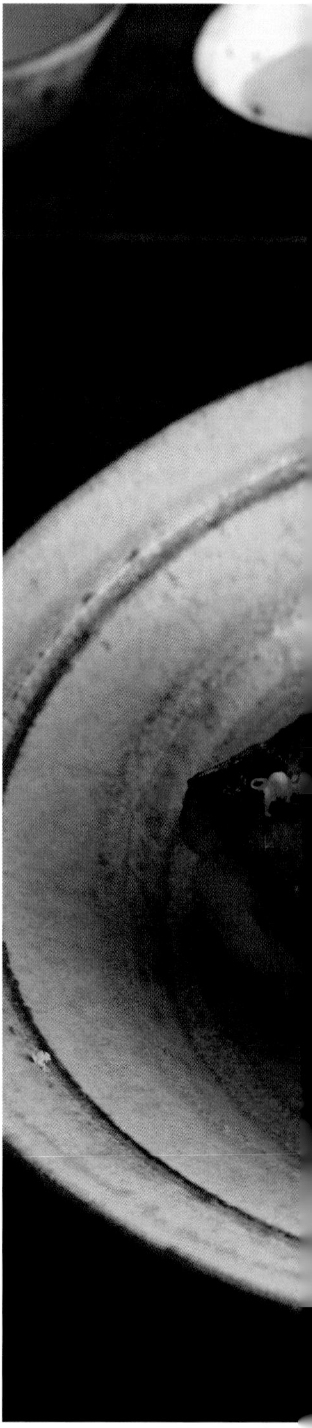

やらなくていいことはやらない

「やらなくていいことはやらない」

当たり前のことだが、私はこの考え方が好きだ。とにかく私は無駄が嫌い。効率よく、シンプルに、すばやい仕事をモットーにしている。こういった思考になったのは若い頃の板前修業時代からだと思う。

あの頃はとにかく忙しかった。朝から大量の魚介類、野菜が店に運ばれ、昼の営業に間に合うように魚をおろし、海老の殻をむき、何十本もの大根をおろし、何升もの米をとぐ。間に合わなければ怒られる。もう自分の身を守るために必死だ。余計なことなどしている余裕はまったくなかった。何を最優先にやるべきか？　どういう段取りでいこうか？　二度手間になってないか？　常に頭も手もフル回転していた。

さすがに家で料理をするときにまで、これくらい考えを研ぎ澄ませろとはいわないが、自分のできる範囲で考えながら料理をする癖をつけると、必ず料理は上達するし、効率よく、すばやく、無駄なく、作業も進むようになる。いつもより料理にかかる時間が短くなれば、その分ほかのことに時間が使え、余裕ができる。
ちょっとえらそうにいわせてもらえば、最近の人たちは余計なことばかりしているのではないだろうか。やらなくてもいい会議。1人で来れば充分なのに3人も、4人も連れ立って来る打ち合わせ。何回も、何回も来る確認のメール。みんな暇なのだろうか？　そのわりに「忙しくて大変！」「休みがまったくないよ！」と、口を揃えて同じ文句をいっている。
少し話が逸れたが、とにかく無駄は省いたほうがいい。やらなくてもいいことをやるのはやめるべきだ。料理に関しても私からすれば、やらなくてもいいことをやっているなぁと思うことが、あちらこちらで多々見受けられる。
料理初心者の方に多いのは、野菜を1㎝角に切る、3㎝長さに切るとレシピに記されていると、律儀に定規で測る人。料理は大工仕事ではない。だいたいそれくらいといっているだけで、2㎜ずれたからといって仕上がりが大きく変わるわけではない。
野菜のアク抜きなどもそうだろう。みんな異様に「アク抜き、アク抜き」と騒ぐが、抜いたほうがいいアクと、そんなに気にしなくてもいいアクがある。竹の子や蕨《わらび》といった山菜など、アク抜きしないと苦くて食べられない野菜はしっかりアク抜きをしなければならない。一方、皆、茄子《なす》や牛蒡《ごぼう》などのアク抜きに必死になっているが、これらはさっと水で洗う程度で充分。切ると変色するだけで、苦くて食べられないようなアクではない。むしろすべての野菜にいえることだが、水にさらしすぎると味も香りもなくなってしまう。神経質になりすぎて、かえって野菜のおいしさを損ねてしまっているのだ。

里芋《さといも》や蓮根《れんこん》を酢水にさらす作業もよくやりがちだが、酢水にさらすのは真っ白く仕上げたい料理のときだけでいい。白煮や酢蓮根を作るときなら私も酢水にさらす。ただ、しっかり濃いめの醤油味で煮つけるときや、きんぴらにするときにはまったくやる必要がない。泥遊びをしようとする前に、お風呂で体を洗う人などいないだろう？　それと同じこと。

なぜ、この作業をするのか？　どういう仕上がりにしたいのか？　今やっていることの意味は？　この辺りをしっかり考えて料理をしていただきたい。意地悪をいっているのではない。皆さんに少しでも家庭でラクしてほしいからいっているのだ。

　切ってからすぐに調理に取りかかれるなら、野菜を一切水にさらさなくてもいいのではないかと思っているくらいだ。まずは次で紹介している「五目きんぴら」（P24）で試してみていただきたい。野菜の持つ本来の香り、滋味を感じていただけると思う。しかもこの料理は、日々の常備菜に、弁当のおかずにとフル活用できる一品でもあるのだ。

五目きんぴら

とりひき肉、ごぼう、にんじん、れんこん、柿の五目。根菜のシャキシャキ感に柿の甘みとひき肉のコクが程よく混ざり合う。ご飯に混ぜて、五目混ぜご飯にしてもいい。

●材料（2〜3人分）

ごぼう …… 1/2本
にんじん …… 1/2本
れんこん …… 1/2節（約100g）
柿 …… 1個
とりひき肉 …… 150g
A ┌ 酒 …… 60mℓ
　│ しょうゆ …… 40mℓ
　└ 砂糖 …… 大さじ2強
ごま油 …… 大さじ2
白いりごま …… 大さじ1
粗びき黒こしょう …… 少々

●作り方

1 ごぼうはたわしでよく洗い、ささがきにして水でさっと洗い、水けをよくきる。にんじんは5cm長さの細切りに、れんこんは薄い半月切りにする。柿は7〜8mm幅のくし形切りにする。

2 フライパンにごま油を熱し、ひき肉を炒める。しっかりほぐれて火が通ったら、ごぼう、にんじん、れんこんを加えて火が通るまで炒める。

3 柿を加えてさっと炒め、**A**を加える。汁けが少なくなるまで炒め煮にする。

4 仕上げに白ごま、こしょうをふり、ざっと混ぜ合わせる。器に盛り、好みでさらに白ごまとこしょうをふっても。

○1人分307kcal／塩分2.3g

ぶりと白菜の焼きびたし

白菜の甘みたっぷりの煮汁に、カリッと焼いたぶりをひたした私の冬の定番料理。
白菜は軸と葉の切り方を変え、同じ時間でともに火が入るよう工夫してみました。

●材料（4人分）

ぶり……4切れ
白菜……1/4株
A［だし汁……3カップ
　うす口しょうゆ、みりん……各大さじ3
ゆずこしょう……小さじ1/2
塩……適量
小麦粉……適量
サラダ油……大さじ1
万能ねぎの小口切り、
　ゆずの皮のせん切り……各適量

●作り方

1 白菜は軸と葉に切り分け、軸は5㎝長さ、5㎜幅の短冊切りに、葉はざく切りにする。

2 鍋に**A**を入れ、火にかける。煮立ったら**1**を加えてさっと煮る。火を止めてゆずこしょうを加えて混ぜ、そのままさます。

3 ぶりは両面に塩を薄くふり、約10分おく。出てきた水けを拭き取り、全体に小麦粉を薄くまぶす。

4 フライパンに油を熱し、**3**を両面に焼き目がつくまで焼き、熱いうちに**2**に入れる。そのまま約30分おいてなじませる。

5 器に汁とともに盛り、万能ねぎとゆずの皮を散らす。

○1人分285kcal／塩分2.1g

焼き長いものおひたし

まるごと皮つきのまま焼いたホクホクの長いもを、
食用菊とともにひたし汁に漬けた、華やかで味わい深い一皿。

●材料(4人分)

長いも……1/2本(500〜600g)
水菜……1/2わ
食用菊……1/2パック(約40g)
A
- だし汁……2カップ
- うす口しょうゆ、みりん……各大さじ2
- 練りがらし……大さじ1/2

塩……少々
酢……少々
糸がつお……少々

●作り方

1 長いもは皮つきのまま洗う。水菜は5cm長さに切る。食用菊は花びらをむしる。
2 鍋に**A**の練りがらし以外の材料を入れ、火にかける。ひと煮立ちしたら火を止め、粗熱がとれたらからしを溶き混ぜ、大きめの耐熱容器へ移す。
3 鍋をきれいにして湯を沸かし、塩を加えて水菜をさっとゆで、氷水にさらす。ゆで汁はとりおく。ゆで汁に酢を加えて火にかけ、菊を入れてさっとゆで、氷水にさらす。
4 焼き網(なければ魚焼きグリルで)を熱し、長いもをのせる。途中、転がしながら皮に焼き目がつくまで焼く。1cm厚さの半月切りにし、大きければさらに半分に切る。
5 **3**の水菜と菊の水けをしっかり絞り、**4**とともに**2**にひたす。表面にラップをぴったりとし、冷蔵室で1時間以上なじませる。
6 器に盛り、糸がつおをのせる。

○1人分113kcal/塩分1.8g

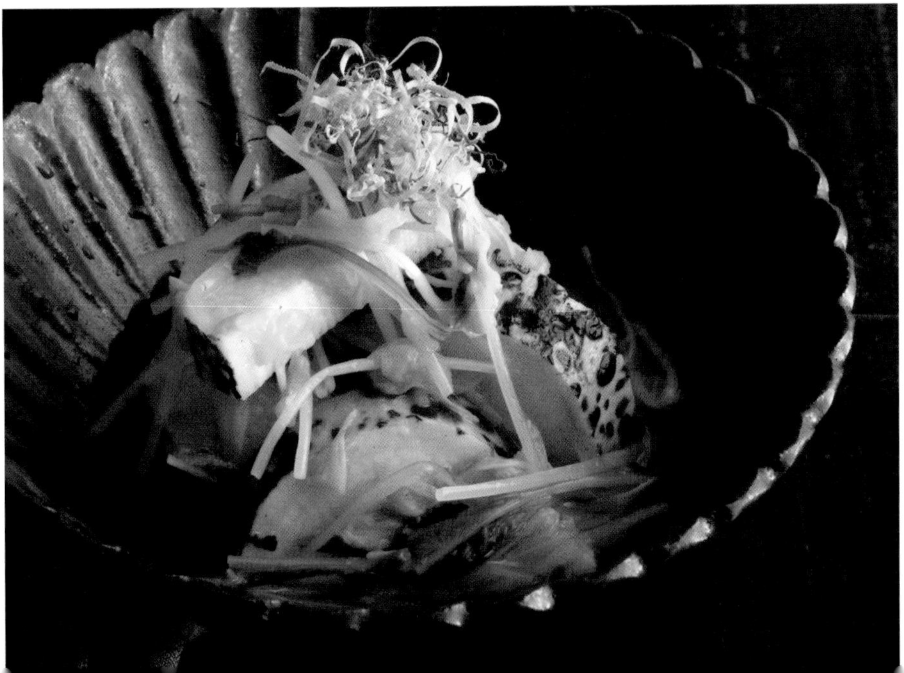

ピーマンの焼きびたし

夏に旬を迎えるピーマンのみずみずしさと、
肉厚な果肉、甘みをそのまま味わう焼きびたし。
油をひかずに焼いたピーマンの焼き目の
香ばしさやしょうが入りのひたし汁のうまみを
たっぷりどうぞ。素麺に合わせても。

●材料(2〜3人分)

ピーマン……8個
新しょうが……20g
みょうが……2個
A［だし汁……2カップ
　 うす口しょうゆ、みりん……各大さじ2
削りがつお……1袋(約5g)

●作り方

1 しょうがはせん切りにし、みょうがは小口切りにする。

2 小鍋にしょうが、**A**を入れ、火にかける。煮立ったら火を止め、そのままさます。

3 ピーマンは縦半分に切る。フライパンに油をひかずにピーマンの外側を下にして並べ入れ、強火で焼き目をつける。上下を返して同様に焼く。

4 **2**をボウルに移し、**3**を加える。表面にラップをぴったりとし、冷蔵室で約1時間冷やして味を含ませる。

5 ピーマンとしょうがを器に盛り、みょうがをのせる。汁をかけて削りがつおをふる。

○1人分43kcal／塩分1.5g

するめいかと野菜の酢びたし

**いかは香ばしくから炒りして水分をとばし、うまみをしっかりとじ込めてからひたすのがいい。
甘酸っぱいひたし汁には野菜のみずみずしさもプラス。麺にもご飯にも。**

●材料(3～4人分)

するめいか……2はい
なす……2個
赤パプリカ、玉ねぎ……各1/2個

A
- だし汁……3カップ
- 酢……80mℓ
- しょうゆ……1/4カップ
- 砂糖……大さじ1・1/2

すだち……1個
一味とうがらし……少々

●作り方

1 なすは皮むき器で皮をむき、パプリカとともに一口大の乱切りにする。玉ねぎは8等分のくし形切りにする。
2 鍋に**1**と**A**を入れ、火にかける。煮立ったら弱火にし、約3分煮て火を止め、そのままさます。
3 いかは右記を参照して下処理をする。胴は1cm幅に切り、足は2本くらいずつに切る。
4 フライパンを温め、**3**をからいりする。身が白っぽくなり、まわりがうすいピンク色になったら**2**に加え、ペーパータオルをかぶせて2時間以上おいて味を含ませる。
5 器に盛り、すだちを薄い輪切りにしてのせ、一味をふる。

○1人分142kcal／塩分2.1g

◎いかの下処理

胴の中に指を入れ、わたと胴を離し❶、わたごと足を引き抜き❷、胴の中の軟骨を取り除く。足を目の下部分で切り離し❸、くちばし(足のつけ根の丸くてかたい部分)を取り除き❹、包丁の背で軽く吸盤をしごく。

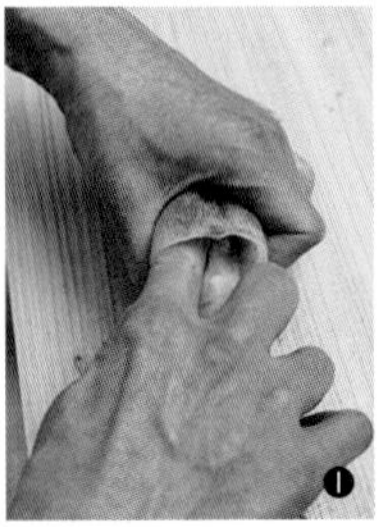

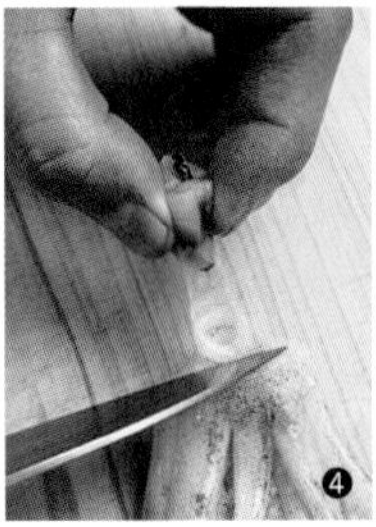

ぶりとたたきごぼうの照り焼き

定番料理の基本中の基本“照り焼き”は、
小麦粉をまぶして焼けば、たれがよくからむ。
ぶりと相性バッチリのごぼうは、
たたき割りにして味をしみやすく。

●材料（4人分）

ぶり……4切れ
ごぼう……1本（約150g）
A［酒、みりん……各1/2カップ
　 しょうゆ……40mℓ
小麦粉……適量
サラダ油……大さじ2
粉ざんしょう……少々
黒いりごま……少々

●作り方

1 ごぼうはたわしでよく洗い、鍋に入る長さに切る。水から約10分下ゆでし、竹串がスッと通ったらざるにあける。すりこ木でたたき割り、3cm長さに切る。
2 ぶりは水けを拭いて小麦粉をまぶす。
3 フライパンに油を熱し、**2**を焼く。焼き目がついたら上下を返して、もう片面も同様に焼く。
4 フライパンの余分な脂を拭き取り、**A**と**1**を加える。ぶりに時々たれをかけ、からめながら煮詰める。
5 たれがとろりとしてぶりにしっかりからまったら、粉ざんしょうをふる。
6 器に盛り、フライパンに残ったたれをかける。黒ごまをふり、好みで木の芽をあしらう。

○1人分352kcal／塩分1.7g

見るんじゃない!! 感じろ!!

「考えるな!! 感じろ!!」

これはブルース・リーの有名な台詞だが、私は考えるのは大事なことだと思うので、少し変えて「見るんじゃない!! 感じろ!!」。この言葉を皆さんに贈りたいと思う。何がいいたいかというと、レシピにばかり頼らず、料理をするときはすべての五感を研ぎ澄まし、自分を信じて料理をしてほしいということ。

料理をするとき、まな板の上、鍋の中、フライパンの中、すべて真実はそこで起こっている。

「きょうのきゅうりはみずみずしいな」

「豚肉からいつもより脂が出てきているな」

「なんか焦げくさいぞ」

いくらでも目の前に情報は転がっているのだ。それなのに皆、レシピを鵜呑みにするだけ。確かに慣れないうちはレシピ通りに料理をするのは大事なことかもしれない。私も何十冊とレシピ本を出し、雑誌やテレビでもレシピを紹介しているので、えらそうにはいえないが、レシピを信じすぎて失敗することもあると思うのだ。

何かおかしいな？と思ったら、レシピを見るのではなく、まず目の前で起きていることを五感を使って感じてほしい。強火で焼くとレシピには書いてあるけれど、どう見ても焦げているなら弱火にするべきだろう。15分煮ると書いてあっても、素材がまだかたかったら、もう少し煮ればいい。味見をして何かもの足りなければ、塩でも醤油でも足せばいい。レシピはあくまでも目安だ。台所の火力の違い、鍋の大きさ、夏か冬か、冷蔵庫から出したての食材なのか、常温の食材なのか。あらゆる条件が、料理のでき上がりに影響してくる。

かつて、ゆとり教育という言葉があったが、私にいわせれば、最近の本もテレビも雑誌もゆとりレシピばかり。だから皆、料理することを過剰に怖がるんじゃないだろうか？　そして手抜きだ、ズボラだ、ほったらかしだといったレシピがはやる。私だったら、料理を手抜きして、ほったらかして、ズボラな性格の人など絶対にスタッフとして雇いたくはない。私の考えは間違っているだろうか？

私がここで皆さんにお伝えしたいのは、自分の感覚を信じて料理を作ってほしいということ。観察力、洞察力、想像力。この3つの力を意識してみてほしい。このままでは、自分で考え、判断して、工夫して、先を読んでということができる人間がどんどん少なくなっていってしまうのではないだろうか？

料理とは本来楽しいものである、と私は思っている。白いご飯にナポリタンをぶっかけて食べたらうまいだろうなぁ。あの牛肉、焼いてかぶりつきたい。中とろでうにを巻いて、いくらもかけたらやりすぎか⁉ 私はいつもこんなことばかり考えている。料理をするのが不安、苦手、面倒だと思っている方たちは、まずは発想を変えてみるといい。自分の食べたいものばかりを作る。疲れている日は作らない。できる範囲のことしかしない。プロはこれではダメだが、家庭料理はこれくらいの考えでいいと思う。がんばらなくていいと手抜きは違う。私がいいたいのは、無理するなということである。できないことを無理にやっても絶対いい結果は出ない。バック転ができない人に、無理やりやらせても怪我するだけ。同じ

ように、疲れている日に料理を何品も作ればえらいというわけではないし、凝った料理や高級食材を使った料理だけがいいというわけでもない。心を込めてていねいに作った料理は、一品だけでも充分人を満足させることができる。手順が簡単でも、安い食材だけでも、しみじみおいしくていい料理だなぁというものはたくさんある。

例えば、旬の新玉ねぎと豚バラ肉で作るシンプルな一皿（P38）。この料理には細かいコツがたくさん散りばめられている。玉ねぎの切り方、豚肉の炒め方、その日の玉ねぎの水分量を見極める観察力も大事だ。そして玉ねぎの甘み、香りがとことん出尽くした究極の瞬間を感じる感覚も。持っている五感のすべてを総動員させて作ってみてほしい。シンプルなのに奥深い、とてもいい料理だと思う。あとはこれに白飯さえあればいい。最高だ!!

新玉ねぎの
しょうが焼き

しょうが焼きはしょうが焼きでも、
これは新玉ねぎがメインのしょうが焼き。
甘く、みずみずしい新玉ねぎを
ガツンと3個たっぷり味わうレシピ。
もちろん肉も入ってます。

●材料（2〜3人分）

新玉ねぎ……3個
豚バラ薄切り肉……150g
しょうが……大1かけ（約20g）
A［酒、みりん……各大さじ2
　しょうゆ……大さじ3
サラダ油……大さじ2
一味とうがらし……少々

●作り方

1 玉ねぎは縦半分に切り、繊維に直角になるよう1㎝幅に切る。しょうがは半分はすりおろし、残りはせん切りにする。豚肉は1㎝幅に切る。

2 フライパンに油を熱し、豚肉を炒める。色が変わって脂が出たら、玉ねぎを加え、しんなりするまで炒める。

3 おろししょうがと**A**を加え、炒め合わせる。玉ねぎが色づいたら、しょうがのせん切りを加えてさっと炒め合わせる。

4 器に盛り、一味をふる。

○1人分376kcal／塩分2.7g

いわしの油《ユー》淋《リン》鶏《チー》風

定番料理の素材替えで料理は何通りにもなる。これはとり肉をいわしに替えたもの。脂ののったいわしと甘酢だれが好相性。ご飯にのせてどんぶり物にするのもいい。

●材料（2〜3人分）

いわし……大4尾
（または開いたもの大4尾分）
みょうが……3個
長ねぎ……1/4本
A
- おろししょうが……小さじ1/2
- 酢……大さじ3
- しょうゆ……大さじ2
- 砂糖……大さじ1・1/2
- 水……大さじ1

塩……少々
小麦粉……適量
サラダ油……大さじ3
白いりごま……大さじ1

●作り方

1 みょうが、ねぎは粗みじん切りにし、**A**と混ぜ合わせる。

2 いわしは右記を参照して手開きにし、両面に塩をふり、小麦粉をしっかりまぶす。

3 フライパンに油を熱し、**2**を皮目を上にして並べ入れ、カリッと焼く。上下を返して同様に焼く。

4 長さを半分に切って器に盛り、**1**のたれを広げてのせ、白ごまをふる。

○1人分339kcal／塩分2.5g

◎いわしの手開き

頭を切り落とし❶、腹部分を斜めに切り落として内臓をかき出す❷。流水で中まで洗い、水けを拭く。中骨の上に親指を2本入れて左右に動かしながら腹を開く❸。持ち替えて逆側も同様にして開く❹。中骨をはずし❺、最後は包丁で切る。両脇の腹骨は包丁でそぎ落とす❻。

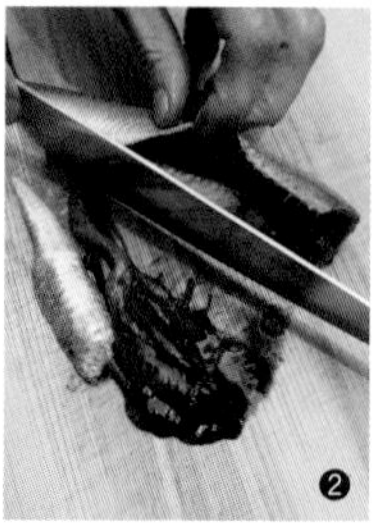

釜あげしらす風卵焼き

しらす干しを酒蒸しして、釜あげしらす風に!
青のり入りの卵焼きにのせてWふわふわ食感完成。

●材料(2～3人分)

しらす干し……100g
卵……4個
A
　だし汁……大さじ4
　青のり……大さじ1
　砂糖……大さじ1・1/2
　しょうゆ……小さじ2
大根……200g
サラダ油……適量
酒……1/4カップ
しょうゆ……少々

●作り方

1 大根はすりおろして汁けをきる。
2 ボウルに卵を溶きほぐして、**A**を加えて混ぜる。
3 卵焼き器に油大さじ1/2を熱し、**2**の卵液適量を薄く全体に流し入れる。まわりがチリチリしたら奥から手前に向かって半分に折り畳む。あいたところに薄く油をひき、卵液適量を薄く、焼いた卵の下にも流し入れる。再びまわりがチリチリしたら、今度は手前から奥に半分に折り畳む。これを数回繰り返し、卵焼きを作る。
4 フライパンにしらす干しと水1/2カップ(分量外)、酒を入れ、火にかける。沸いたら弱火にし、ふたをして2～3分蒸す。
5 **3**の卵焼きを一口大に切って器に盛り、大根おろしをのせる。しょうゆをかけ、**4**を汁けをきってたっぷりのせる。

○1人分241kcal／塩分2.4g

桜えび入り厚焼き卵

ご飯が進む甘じょっぱい味に、桜えびの香ばしさをプラス。
大きく焼いてドンと盛りつけたい、ふんわり厚焼き卵。

●材料(4〜6人分)

桜えび……10g
卵……8個
A
- だし汁……120mℓ
- 砂糖……大さじ4
- しょうゆ……大さじ1

三つ葉……5本
サラダ油……適量

●作り方

1. 三つ葉は1cm長さに切る。
2. ボウルに卵を溶きほぐし、**A**を加えて混ぜる。三つ葉と桜えびを加え、混ぜ合わせる。
3. 卵焼き器(ここでは21×21cmを使用)をしっかり熱し、油少々をひいてよくなじませる。**2**の卵液の1/5量を流し入れ、全体に広げる。表面を菜箸の先で何度かたたき、空気を抜く。まわりがチリチリしたら菜箸でぐるっと四方をなぞり、奥から手前に半分に折り返す。
4. 再び油少々を卵焼き器全体にひき、残りの卵液の1/4量を焼いた卵の下にも流し入れる。同様に表面を菜箸でたたいて空気を抜き、まわりがチリチリして乾いたら今度は手前から奥へと半分に折り返す。これをあと3回繰り返し、ふんわりと焼き上げる。

○1人分153kcal／塩分0.8g

煮る

●材料(2〜3人分)

牛切り落とし肉……250g
大根……1/2本
米……大さじ2
A ┌ 酒……1/2カップ
　│ 砂糖、しょうゆ……各大さじ4
　└ 水……3カップ
昆布(5×10㎝)……1枚
絹さや……8本
一味とうがらし……少々

●作り方

1 大根は2㎝厚さの半月切りにし、鍋に入れる。たっぷりの水と、米を加え、火にかける。煮立ったら弱火にし、約20分下ゆでする。湯をきり、水にさっとさらしてアクを取り、ざるにあける。

2 鍋に湯を沸かし、牛肉をさっとくぐらせ、ざるにとる。

3 フライパンに**A**、昆布、大根、牛肉を入れ、火にかける。煮立ったら弱火にし、アルミホイルで落としぶたをし、さらに約20分煮る。火を止め、そのまま粗熱がとれるまでおく。

4 アルミホイルをはずし、再び火にかける。煮立ったら絹さやを加え、1〜2分煮る。器に盛り、一味をふる。

○1人分285kcal／塩分2.6g

肉大根

**丸々太った大根を使って、
肉豆腐ならぬ、肉大根!
霜ふりにして雑味を除いた牛肉と、
下ゆでした大根を合わせて
弱火でじんわり煮ること20分。
トロトロの大根に肉のうまみがしみしみの
極上惣菜完成!**

かぶのえびそぼろあん

だしでやわらかく煮た冬のかぶに、
そぼろ状にしたえびのあんをまとわせた
体が温まる惣菜。ご飯にかければ、
ぜいたくな冬のどんぶりに。

●材料（2〜3人分）

かぶ（葉つき）……6個
えび……4尾（約100g）
米……大さじ3
A ⎡だし汁……4カップ
 ⎣うす口しょうゆ、みりん……各大さじ3
B 片栗粉、水……各大さじ1
塩……少々
酒……大さじ1
ゆずの皮のせん切り……1/4個分

●作り方

1 かぶは葉を切り分ける。鍋にかぶの身と米、かぶるくらいの水を入れ、水から約10分下ゆでし、水にさらす。

2 かぶの葉適量は小口切りにし、塩をふって軽くもむ。出てきた水けは絞る。

3 えびは殻をむいて背わたを取り除く。酒をふってもみ洗いし、流水でさっと洗う。水けをきって粗みじん切りにする。

4 鍋に**1**のかぶと**A**を入れ、火にかける。煮立ったら弱火にし、落としぶたをして約15分煮る。火を止め、そのまま粗熱をとる。

5 小鍋に**4**の煮汁1カップをとり、火にかける。煮立ったら、合わせた**B**でとろみをつけ、**3**を加えて混ぜ、えびに火を通す。

6 **4**のかぶを器に盛り、**5**をかける。**2**の葉をのせ、ゆずの皮を散らす。

○1人分74kcal／塩分0.8g

里いもと
手羽先のおでん

香ばしく焼き目をつけた手羽先とともに
下ゆでした里いもをコトコト15分ほど煮るだけ。
手羽先のうまみがじんわりしみた、
ねっとり食感の里いも!!
私的ベスト2種の、シンプルおでんで
忙しい日もおいしく。

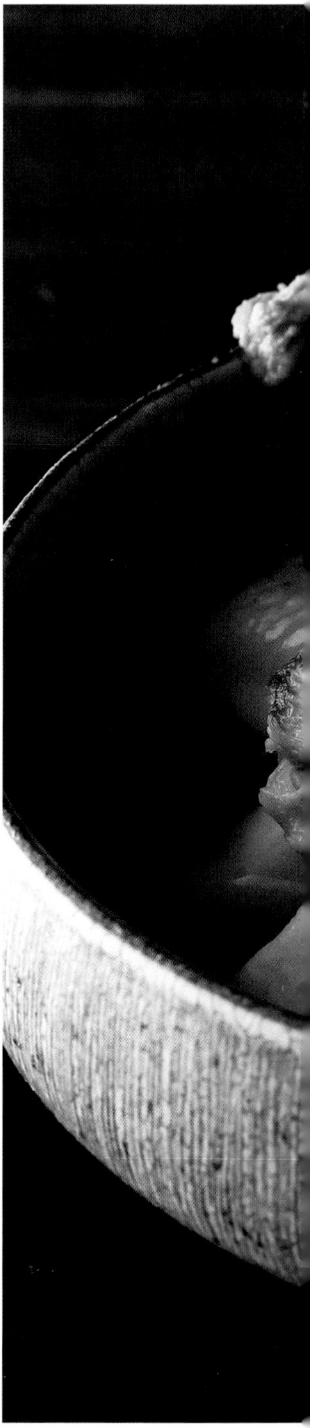

●材料(2〜3人分)

里いも……6個
とり手羽先……6本
A ［だし汁……4カップ
　 しょうゆ、みりん……各大さじ2
絹さや……6本
練りがらし……少々

●作り方

1 里いもは一口大に切って鍋に入れ、水から約5分ゆでる。
2 手羽先は関節から先を切り落とす(切り落とした部分はだしをとるなどに使ってください)。
3 フライパンを温め、油をひかずに**2**を並べ入れて、両面に焼き目をつける。
4 **1**をざるにあけて湯をきり、鍋をきれいにして、里いも、**3**、**A**を入れる。落としぶたをして火にかけ、約15分煮る。絹さやを加えてさっと煮る。
5 器に盛り、からしを添える。

○1人分181kcal／塩分1.5g

とりレバーと皮、大根のいり煮

**下ゆですることで味が入りやすくなった大根に、とり皮とレバーのうまみを
しみわたらせ、しっとりと仕上げた、箸が止まらない系のいり煮です。**

●材料(4人分)

とりレバー、とり皮……各150g
大根……1/4本
こんにゃく……1枚(約250g)
しいたけ……4枚
玉ねぎ……1/2個
A 酒……1/4カップ
A 砂糖、しょうゆ……各大さじ3
A 水……1カップ
ごま油……大さじ1
一味とうがらし……少々

●作り方

1 大根は1㎝厚さのいちょう切り、こんにゃくは食べやすい大きさにちぎる。
2 しいたけは軸を除いて半分に切る。玉ねぎは1㎝幅のくし形切りにする。
3 **1**を鍋に入れ、かぶるくらいの水を加えて約15分下ゆでし、湯をきる。
4 レバーは右記を参照して下処理をする。レバーと皮は食べやすく切る。
5 **3**の鍋に新たに湯を沸かし、**4**をさっとゆで、ざるにあける。
6 フライパンにごま油を熱し、**2**、**3**、**5**を炒める。全体に油がなじんだら、**A**を加える。アルミホイルで落としぶたをし、時々混ぜながら、煮汁がほとんどなくなるまで約20分煮る。器に盛り、一味をふる。

○1人分341kcal／塩分2.1g

◎レバーの下処理

レバーはハツ(小さくつながっている部分)を切り離し❶、脂身や血のかたまりを除く❷。ハツは半分に切って脂身と中の血のかたまりを除く❸。

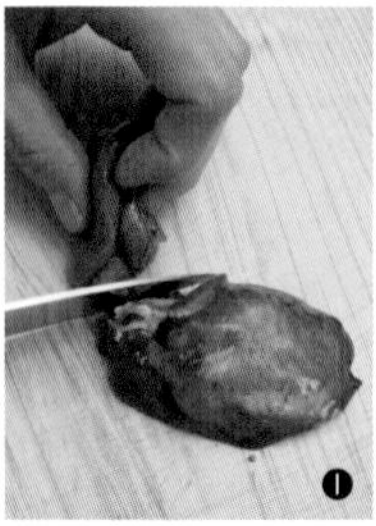

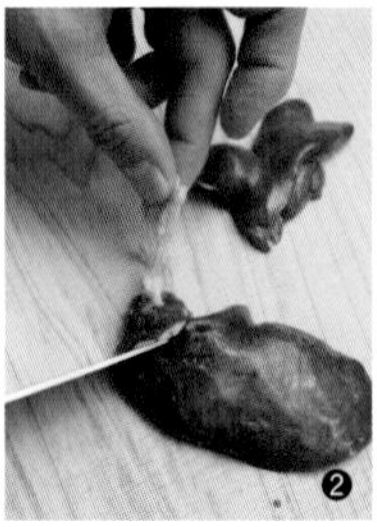

かつおの
新しょうがしぐれ煮

新しょうがだからできる、薄切りにして
存在感を出して煮る手法。
その爽やかな香りと味わいを
旬のかつおに加えた夏のしぐれ煮。
かつおをほぐして麺やご飯にのせても。
かつおを、まぐろやサーモン、
ぶりに替えてもおいしい。

●材料（3〜4人分）

かつお（刺し身用）……1節（約300g）
新しょうが……150g
A ┌ 酒……3/4カップ
　│ 砂糖……大さじ2
　└ 水……1・1/2カップ
しょうゆ……1/4カップ

●作り方

1 新しょうがはスプーンで皮をこそげ取り、薄切りにする。さっと洗い、ざるにあける。

2 かつおは皮があれば皮目を下にして置き、包丁の刃先を皮と身の間に入れて、動かしながら皮をそぎ切って1cm厚さに切る。

3 鍋に湯を沸かし、**2**を表面の色が変わるくらいまでさっとゆでて霜ふりにする。網じゃくしで引き上げ、氷水にとってから水けを拭き取る。

4 フライパンに**A**を入れ、火にかける。煮立ったら**1**と**3**を加え、アルミホイルで落としぶたをして約10分煮る。

5 アルミホイルをはずし、しょうゆを加えてさらに2〜3分煮る。火を止め、そのままさまして味を含ませる。

○1人分118kcal／塩分1.5g

新玉ねぎの蒸し煮
とりみそがけ

まずは甘みの詰まった新玉ねぎを
しっかり焼いて、うまみを閉じ込める。
次に焼いた香ばしさを煮汁に合わせ、
風味豊かなとりひき肉としいたけの肉みそを
のせて食べる料亭のような惣菜。
これ一品でご飯が何杯も食べられる!

●材料（2〜3人分）

新玉ねぎ……2個
とりひき肉……100g
しいたけ……2枚

A
- 卵黄……2個分
- みそ……100g
- 酒……1/4カップ
- 砂糖……50g

B
- だし汁……2カップ
- うす口しょうゆ、みりん……各大さじ1・1/2

サラダ油……大さじ1
白いりごま、木の芽……各少々

●作り方

1 玉ねぎは横半分に切る。しいたけは軸を除き、みじん切りにする。

2 フライパンに油を熱し、しいたけとひき肉を炒める。ひき肉の色が変わったら**A**を混ぜて加える。焦がさないよう弱火でぽってりとするまで練り上げ、バットなどにとりおく。

3 フライパンをきれいにし、油をひかずに玉ねぎを断面を下にして並べる。強火で両面に焼き目がつくまで焼き、**B**を加える。煮立ったらふたをし、弱火で約20分煮る。

4 器に**3**と煮汁適量を盛り、**2**を適量のせる。白ごまをふり、木の芽をあしらう。

※余った**2**のとりみそは密閉容器に入れ、冷蔵室で約1週間保存可能。

○1人分96kcal／塩分1.5g

だしの呪縛を解き放て!!

「日本料理はだしをとるのが難しいから、おうちでは上手にできない」

何万回と聞いた言葉だ。

だしを使わない日本料理もあれば、だしと同じ役割としてブイヨンやスープなどをいろいろ使う海外の料理もある。皆、だしというものを何か特殊で難解な、手が出せないようなものと思い込んでいるのではないだろうか。

だしは漢字で書くと「出汁」。出た汁だ。何かを水に浸けるか、煮立てるかして出てきた汁が出汁だ。そう考えたら、もやしのゆで汁はもやしの出汁。ソーセージをゆでれば、ソーセージの出汁。牛蒡のささがきを浸けておいた水は牛蒡の出汁だ。だしなんて、こんなものだ。難しく考える必要はないのだ。

日本料理にはさまざまなだしがある。一般的によく使われるのは、かつおだし、昆布だし、煮干しだし、干し椎茸だし。この辺りだろうか。特にかつおと昆布の合わせだしはいちばん使用頻度が高いだしだ。かつおだしと昆布だしを単体で使うよりも、合わせることでそのうまみは7倍くらいになるといわれている。私の店でも毎日大量のかつおと昆布を使った一番だし、二番だしをひいている。ちなみにわれわれ料理人はだしをとるではなく、だしをひくという。これは素材のいちばんいいうまみ、香りの部分だけを水にひき出すという考えからだ。大量のかつお節と昆布を使い、温度、時間にも細心の注意を払い、上質の一番だしをひく。残っただし殻で二番だしをひく。毎日これらの味見をするとき、しみじみうまいなぁと、心から思う。きちんとひいただしは本当においしい。体に染み渡り、やさしい気持ちになる。素材の味を引き立ててくれるから調味料も少なくてすむ。できれば皆さんも家庭でもきちんとしただしをひいていただきたいなぁと思う。

だが、しかしだ。毎日家でお店のようなだしをとろうとするのは現実的ではない。まず、コストがかかりすぎる。いいかつお節やだし昆布はそれなりの値段がする。量もたくさん必要だ。毎日お店と同じだしをとっていたら、だし代だけで食費は尽きてしまう。

温度を測る温度計も必要になる。私の店では、昆布だけでもまず2時間ほどゆっくり加熱する。同じように、家庭でだしをとるだけで何時間もかけていたら日が暮れてしまう。私たちはプロの料理人だからやっているのだ。家庭のだしはもっと簡単で手軽なものでいい。時間に余裕のあるとき以外は、顆粒だしを使うのもありだろう。いちばんよくないのは、面倒くさいからといって毎日顆粒だしにしちゃおう、という考え方。きちんとしただしをとってみて、どんな味か確かめ、そのうえでその日の状況に合わせてだしを使い分ける。これが私の考える理想だ。

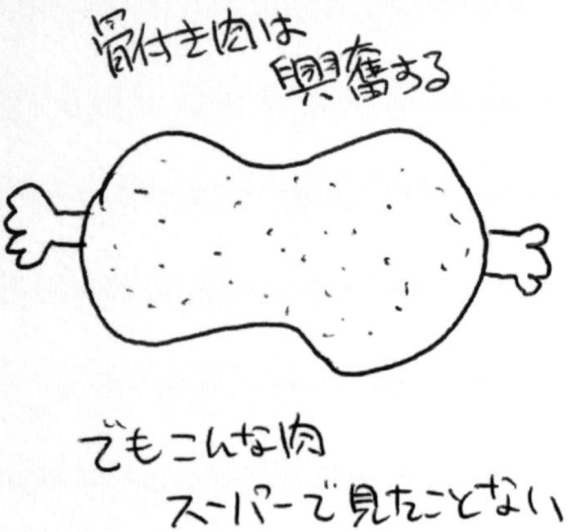
骨付き肉は
興奮する
でもこんな肉
スーパーで見たことない

ここにひとつ、私が家庭用に推奨している万能だしのとり方を紹介しておこう。

鍋に水1ℓとかつお節20g、だし昆布10gを入れ、中火にかける。沸いたら弱火にして10分ほどコトコト煮出す。火を止め、ざるで濾す。上からお玉などでギューギューに押さえ、しぼる。

家庭料理用のだしならこれで充分おいしいと思う。吸い物、みそ汁、煮物、なんでも使える。かつお節もだし昆布も、スーパーで手に入る手軽なものでいい。

一般的な料理本などに載っているだしのとり方とは違うと思うが、大丈夫。私を信じてほしい。そもそもわれわれプロでも10人いれば、10人、皆それぞれのだしのひき方がある。そこまでルールにこだわる必要はないのだ。

そしてもうひとつ。だしを使う必要がないときもある。貝などは水から煮れば勝手にうまみを出してくれるからそれで充分だし、骨つき肉や魚介類も、同じくうまみが出るので煮るときはだしでなく、水でいい。少しうまみを足したければ、だし昆布ひとかけらを加えて一緒に煮てしまえばいいのだ。

豚スペアリブと大根を一緒に煮た「リブ大根」（P62）は、そんな料理のひとつ。言葉遊びで、ブリ大根とかけてみた一品だが、これがスペアリブからいいだしが出る！　多めに作って、さらに味が染みた翌日もと、二度おいしい一品となる。

リブ大根

スペアリブと大根の煮物、だからリブ大根。
みんな大好きな“ぶり大根”からの
発想の転換。スペアリブは表面を焼いて
うまみを閉じ込め、大根は下ゆでして
味が入りやすく。あとは昆布と調味料とともに
煮るのみ、だし汁いらず。

●材料（3〜4人分）

豚スペアリブ……8本（約500g）
大根……1/3本
A
- 昆布（5×2㎝）……2枚
- 酒……1/2カップ
- 砂糖……大さじ3
- 水……1ℓ

しょうゆ……大さじ4
万能ねぎ……10本
練りがらし……適量

●作り方

1. 大根は一口大の乱切りにする。鍋に大根とかぶるくらいの水を入れ、やわらかくなるまで約10分ゆでて、湯をきる。
2. フライパンを温め、油をひかずにスペアリブを並べ入れ、表面全体に焼き目をつける。火を止め、出た脂を拭き取る。
3. **A**を合わせて注ぎ入れ、火にかける。煮立ったらアクを除き、**1**の大根を加える。アルミホイルで落としぶたをし、弱火で約30分煮る。
4. しょうゆを加え、再びアルミホイルをして約15分煮る。火を止め、そのままさます。
5. 万能ねぎを10㎝長さに切って加え、火にかけてひと煮立ちさせる。器に盛り、からしを添える。

○1人分378kcal／塩分2.4g

豚と長ねぎの黒酢角煮

煮汁に加えた長ねぎが甘みを、
黒酢がさっぱりとした後味を醸し出す、
豚の角煮。豚肉に香ばしい焼き目をつけてから
弱火で下ゆでするのがポイント。
ご飯や麺に合わせるもよし、お酒のお供にも。

●材料(3〜4人分)

豚バラかたまり肉……600g
長ねぎ……2本
A
- 酒……1/2カップ
- しょうゆ……大さじ5
- 黒酢、砂糖……各大さじ3
- 水……4カップ

貝割れ菜……1/3パック
一味とうがらし……少々

●作り方

1. ねぎは5mm幅の斜め切りにする。豚肉は3cm角に切る。
2. フライパンを温め、油をひかずに豚肉を並べ入れ、全面に焼き目がつくまで焼く。
3. 大きめの鍋に**2**を入れ、ひたるくらいまで水を注いで火にかける。煮立ったら弱火にし、約1時間ゆでる。途中水が減ったらそのつど足し、肉がひたっている状態を保つ。
4. 鍋のゆで汁を捨て、**A**を加える。**1**のねぎを広げてのせ、火にかける。煮立ったら落としぶたをし、約30分煮る。
5. 器に盛り、貝割れ菜を刻んでのせ、一味をふる。

○1人分577kcal／塩分2.2g

あさり豆腐

ぷっくり太ってうまみたっぷりのあさりに、
豆腐とわかめを加えたあっさり煮物。

●材料(2〜3人分)

あさり……300g
もめん豆腐……1丁
長ねぎ……1本
三つ葉……3本
わかめ……50g

A
- 昆布(5×5cm)……1枚
- 酒……1/2カップ
- 塩……少々
- 水……2・1/2カップ

B
- うす口しょうゆ……大さじ2
- 砂糖……小さじ1

練りがらし……少々

●作り方

1 あさりは砂抜きし(水1カップに塩小さじ1強が目安)、殻をこすり合わせて洗う。

2 ねぎは斜め薄切りにし、三つ葉は3cm長さに切る。わかめは2〜3cm幅に切り、豆腐は8等分に切る。

3 鍋に**1**と**A**を入れ、火にかける。煮立ったらアクを取って弱火にし、約3分煮る。あさりの口があいたら火を止め、こし器やざるであさりと煮汁に分ける。昆布は取り除く。

4 フライパンに**3**の煮汁を入れ、豆腐、わかめ、ねぎ、**B**を加え、火にかける。煮立ったら弱火にし、約10分煮る。

5 あさりを殻ごと加え、さっと煮て器に盛る。三つ葉をのせ、練りがらしを添える。

○1人分114kcal/塩分3.1g

あさりたっぷりおからの炒め煮

あさりと昆布、しいたけからのトリプルだしで
だし汁いらず。おからにうまみがしみしみです。

●材料（4人分）

あさり……300g
おから……200g
にんじん……1/2本
さやいんげん……10本
しいたけ……4枚
A
- 昆布（5×5㎝）……1枚
- 酒……1/4カップ
- 水……2カップ

B　砂糖、しょうゆ……各大さじ3
塩……適量
サラダ油……大さじ4

●作り方

1 あさりは砂抜きし（P66作り方**1**参照）、殻をこすり合わせて洗う。

2 鍋に**1**と**A**を入れ、ふたをして火にかける。5～6分してあさりの口があいたらざるにあける。ゆで汁をとりおき、あさりは殻から身をはずす。

3 にんじんは5㎝長さのせん切り、いんげんは小口切りにする。しいたけは軸を除き、薄切りにする。

4 フライパンに油を熱し、**3**を入れ、塩少々をふって炒める。全体に油がなじんだらおからを加え、ほぐしながら炒める。

5 **2**のゆで汁と、**B**を加え、混ぜながら煮詰める。汁けがほとんどなくなったら味をみて、足りなければ塩を加えて調味する。あさりの身を加え、ざっと炒め合わせる。

○1人分229kcal／塩分3.0g

新じゃが塩バター煮
豚バラ添え

皮ごと下ゆでして塩とバターを煮からめた
ホクホクの新じゃがに、
ジューシーな豚バラ肉を合わせて食べる
ボリューム満点でコクありの新惣菜。
1つで2倍おいしい!

●材料（4人分）
新じゃがいも……小10個（約500g）
豚バラ薄切り肉……300g
万能ねぎ……3本
塩……適量
粗びき黒こしょう……少々
バター……20g
みりん……大さじ2

●作り方
1 新じゃがいもは皮つきのままよく洗い、鍋に入れる。かぶるくらいの水を注ぎ、塩少々を加えて火にかける。約15分ゆで、竹串を刺してすっと通ったら、ざるにあけて湯をきる。
2 万能ねぎは小口切りにする。豚肉は一口大に切る。
3 フライパンを温め、油をひかずに豚肉を炒める。色が変わったら塩少々、こしょうで調味し、取り出す。
4 続けてフライパンにバターを入れ、**1**を加えて火にかける。バターが溶けたらじゃがいもにからめ、みりん、塩小さじ1を加えて煮からめる。
5 **3**と**4**を器に盛り合わせて、万能ねぎを散らす。

○1人分440kcal／塩分1.9g

家庭料理とお店の料理は違う

私の職業は日本料理の料理人だ。お店にいらしてくださるお客様に喜んでいただけるようにと、日々、いろいろな手間をかけて仕事をする。たっぷりのかつお節と昆布を使って贅沢な一番だしをひき、何時間もかけてかたまり肉をコトコト煮てやわらかくし、さまざまな調味料を使い分けて野菜を炊き、何尾もの魚を美しくさばき、切る。先付けからデザートまで10皿ほどの料理を出し、器も献立も約半月ごとに替える。これらはすべて、私がプロの料理人だからで、お客様からお金をいただくからこそ、毎日絶対にやらなければならないことだと思っている。

「お店と同じ味にならな〜い」とは、お客様から聞く言葉だが、それは当たり前。でも、プロの味を目指すのは悪いことではない。ただ、お店の料理と家庭料理は、やはり根本的に違うものなのだ。

家でもお店のようなだしをひき、何品もの美しい盛りつけの料理を食卓に並べ、といったことを毎日やっていたら、確実に疲れてしまうだろう。家計も大変なことになってしまう。私たちプロは毎日料理だけに集中すればいいが、主婦の方、仕事を持っている方たちはそうはいかない。掃除、洗濯、育児等、やることはたくさんあるに違いない。

お店の料理は娯楽であり、エンターテインメント。家庭料理は生きるための食事であり、自分や家族の健康、命をつかさどるもの。私はそう思っている。毎日無理なく家で料理をするためには、もう少し気楽に家庭料理を考えてみたらいいのではないだろうか。

かくいう私も店では手の込んだ料理を作り、盛りつけにも仕事の段取りにも細かく注意を払うが、家に帰ってたまに料理をするときは本当に簡単にすませる。適当に冷蔵庫にある野菜や肉を炒め、味つけは塩、こしょうだけ。卵があればゆで卵、豆腐があればおかかとねぎを刻んでかけるだけ。時間がなければ顆粒だしも使うし、ラーメンのどんぶりでコーンフレークを食べたりもする。

これくらいの気軽さ、おおらかさが家庭料理には必要なのではないだろうか。

日本にはハレの日とケの日という言葉がある。古来、日本人は普段通りの日常

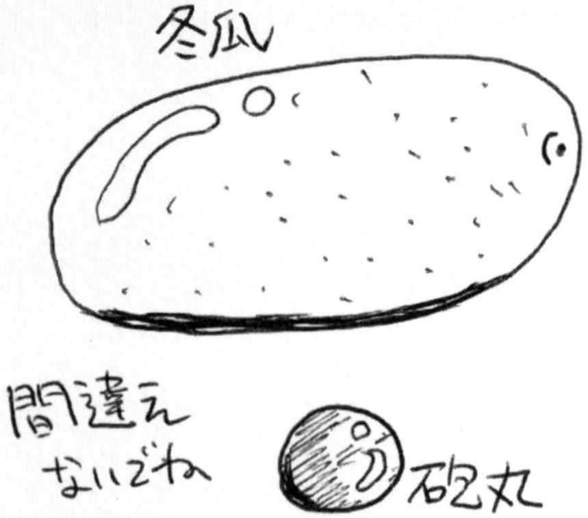

を「ケ」の日、お祭りや年中行事、結婚式などの日を「ハレ」の日と呼んで、日常と非日常を分けて生活してきた。「ハレ」の日には当然、おしゃれもするし、いつもより豪華な食事が食卓に並ぶ。少し前までの日本人の生活はハレの日とケの日をとても大切にしていたと思う。

両親や祖父母は、私が子供の頃「昔はお正月や親戚が集まったときはご馳走が食べられて、とても楽しみだった」と、よくいっていた。

普段の食事と特別な日の食事のメリハリがきいていたのだろう。そう考えると現代の家庭の食卓は毎日ハレの日の食事のように見える。ご飯を炊いて、汁物を作り、3皿も4皿もおかずが並ぶ。そりゃあ毎日豪華な食事なのは悪いことではないが、これが逆に最近の料理作りに疲れてしまう人たちを生み出している原因じゃないのだろうか。私だって家に人を呼ぶとき、子供の誕生日、お正月などには、はりきってたくさんの料理を作る。盛りつけや、使う食器にもこだわる。でも、普段の日はそれなりにすませる。そもそも現代人は食べ過ぎだとも思う。ご飯を上手に炊いたら、一品おかずを作って、あとは冷蔵庫にあれば漬け物でも納豆でも、生野菜でも添えるくらいで充分じゃないだろうか。具だくさんの汁物があればそれだけで立派なおかずだ。

お店と家は違う。普段の日と特別な日は違う。もっと気楽にいくべきだ。

お店だったら煮くずれしないよう、きれいな緑色が出るように上品に炊くとうがんも、家のごはんのおかずなら、しっかり味が染みるまで茶色く、少し煮くずれするくらい炊いたほうが絶対にうまい(P74)。きっと白飯がとまらないはずだ。

とうがんと豚肉の
みそ煮

豚肉と一緒に炒め、肉のうまみを
しっかり吸わせたのち、甘みそでとろりと煮る。
とうがんは煮くずれるくらいがおいしいので、
少し小さめに切るといい。
難しく考えず、大根と同じ感覚で
ほかの料理にも使ってみて欲しい。

●材料（3〜4人分）

とうがん……1/4個（約600g）
豚バラ薄切り肉……200g
万能ねぎ……3本
A
- だし汁……2カップ
- 酒……1/4カップ
- 砂糖、みそ……各大さじ2
- しょうゆ……大さじ1

サラダ油……大さじ1
粗びき黒こしょう……少々

●作り方

1 とうがんは3cm角に切る。万能ねぎは小口切りにする。豚肉は食べやすい大きさに切る。

2 フライパンに油を熱し、豚肉を炒める。ほぐれたらとうがんを加え、油がなじんで透き通るまで炒め合わせる。

3 **A**を混ぜて加える。煮立ったら弱火にし、アルミホイルで落としぶたをして約20分煮る。

4 器に盛り、万能ねぎを散らしてこしょうをふる。

○1人分284kcal／塩分1.9g

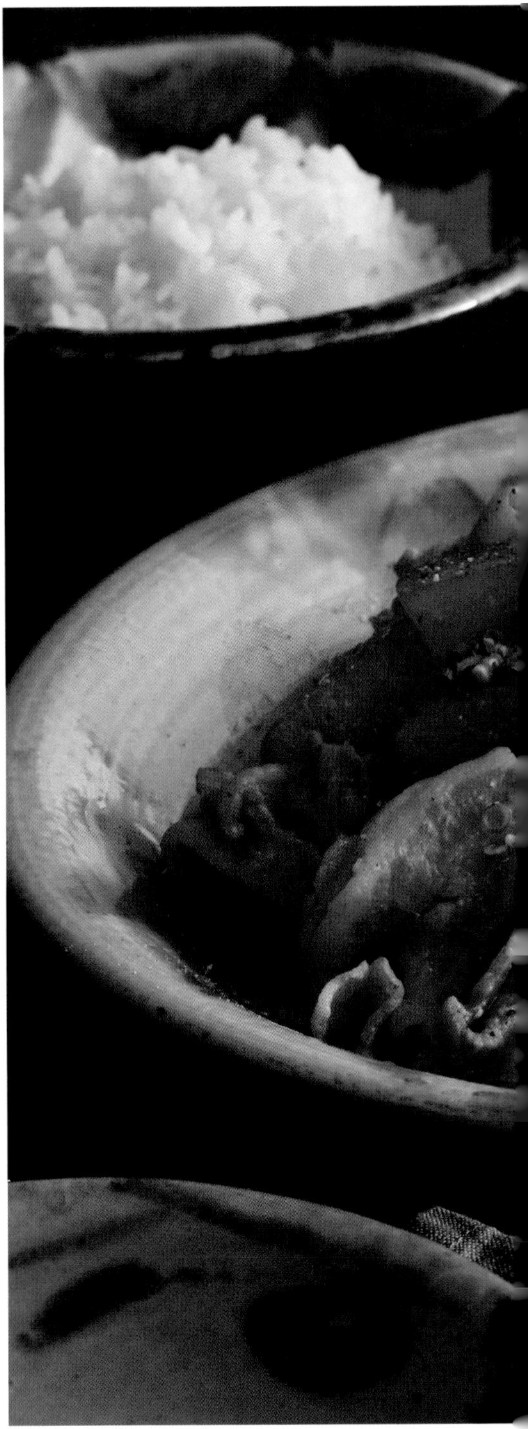

白菜のうま煮

白菜の葉はざく切り、軸はそぎ切り。
煮汁がからみやすいよう、しんなりするまで
炒めてからえびとうずらの卵を投入!
ご飯にかければとろとろの白菜うま煮丼の
でき上がり。かた焼きそばにもいいですよ。

●材料(2〜3人分)

白菜 …… 1/4株
えび …… 8尾
A
- 酒 …… 大さじ2
- 塩 …… 少々
- 片栗粉 …… 適量

B
- だし汁 …… 2カップ
- しょうゆ、みりん …… 各大さじ2
- 砂糖 …… 小さじ1

うずらの卵(水煮) …… 11〜12個
C 片栗粉、水 …… 各大さじ1
サラダ油 …… 大さじ2
ゆずの皮のせん切り …… 少々
粗びき黒こしょう …… 少々

●作り方

1 白菜は葉はざく切りにし、軸はそぎ切りにする。
2 えびは殻をむき、背に切り目を入れて背わたを取り、**A**をもみ込む。流水で洗い、水けを拭き取る。
3 フライパンに油を熱し、白菜の軸をざっと炒める。油がまわったら葉を加えて炒め合わせる。しんなりしたら**2**を加え、えびの色が赤くなり、プリッとするまで炒め合わせる。
4 **B**、うずらの卵を加える。煮立ったら、合わせた**C**でとろみをつける。
5 器に盛り、ゆずの皮を散らして、こしょうをふる。

○1人分252kcal／塩分2.2g

若竹煮

これは、たけのことわかめを合わせた出合いものの煮物ではなく、たけのこと若どりを合わせた、Wのうまみを楽しむ“笠原流若竹煮”。味つけは父がよく作っていた甘辛じょうゆ味を再現。ご飯が進みます。

●材料（2〜3人分）

たけのこ……小2本
（またはゆでたけのこ約300g）
とりもも肉……大1枚（約300g）
米ぬか……ひとつかみ
赤とうがらし……2本
A
　だし汁……2カップ
　酒……1/2カップ
　しょうゆ……大さじ3
　砂糖……大さじ2
スナップえんどう……7個
粉ざんしょう……少々

●作り方

1 たけのこは右記のゆで方を参照してゆで、流水でよく洗う。身が出てくるまで皮をむき、穂先は大きめの一口大に、根元は小さめの一口大に切る。とり肉は一口大に切る。
2 フライパンに油をひかずにとり肉を皮目から並べ入れ、火にかける。焼き目がついたら上下を返し、もう片面もさっと焼く。
3 **A**を加え、煮立ったらたけのこを加える。再び煮立ったら弱火にし、アルミホイルで落としぶたをして約10分煮る。
4 スナップえんどうを加え、約3分煮る。器に盛り、粉ざんしょうをふる。

○1人分275kcal／塩分2.4g

◎たけのこのゆで方

穂先を斜めに切り落とし、縦に浅く切り目を入れる❶。鍋に入れ、かぶるくらいの水、米ぬか、赤とうがらしを入れ、火にかける。沸騰したら弱火にし、約1時間ゆでる（途中水が減ったら足す）❷。根元に竹串を刺してすっと通ったら、火を止めて鍋の中で粗熱がとれるまでおく❸。

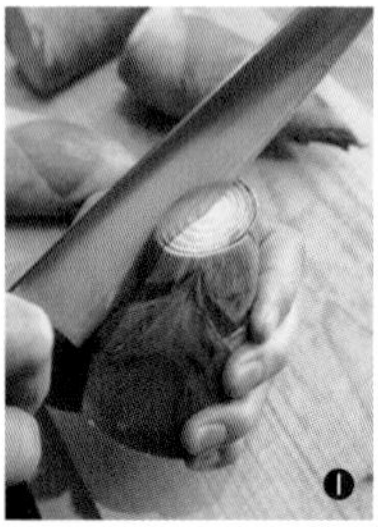

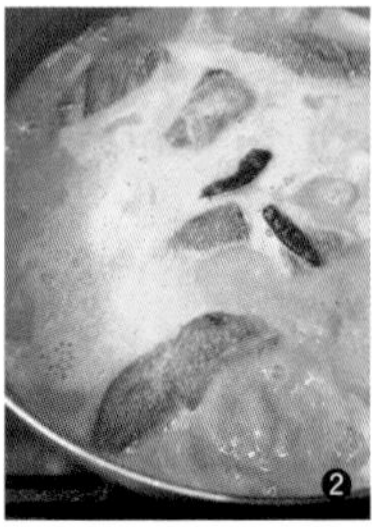

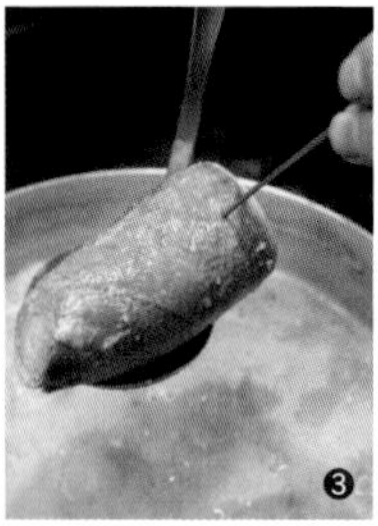

かぼちゃのカレーそぼろ煮

みんな大好きカレー味の最強惣菜に合わせたのは、かぼちゃと、やさしくジューシーなコクをプラスするとりひき肉。ご飯にかけても、パスタにも。

●材料(2〜3人分)

かぼちゃ……1/4個(約300g)
とりひき肉……200g
A
- だし汁……2カップ
- しょうゆ、みりん……各大さじ2
- 砂糖……大さじ1/2

サラダ油……大さじ1
カレー粉……大さじ1
バター……20g
万能ねぎの小口切り……5本分

●作り方

1 かぼちゃは一口大に切って、皮はまだらにむく。
2 フライパンに油を熱し、ひき肉を炒める。ほぐれたらカレー粉を加え、香りが立つまでしっかり炒める。
3 **A**を加え、煮立ったらかぼちゃを皮を下にして並べ入れる。アルミホイルで落としぶたをし、弱火で約10分煮る。
4 落としぶたをはずし、火を止めてバターを加えて混ぜる。器に盛り、万能ねぎを散らす。

○1人分312kcal/塩分2.1g

長ねぎととり肉のすき煮

ぶつ切りにして焼いたものと薄切りにした長ねぎの
Wの甘みに、とりのうまみを合わせて。

●材料（2〜3人分）

長ねぎ……2本
とりもも肉……大1枚（約300g）
A
- 昆布（5×5cm）……1枚
- しょうゆ……1/4カップ
- 砂糖……大さじ3
- 水……2・1/2カップ

サラダ油……大さじ1
溶き卵……2〜3個分
粉ざんしょう……少々

●作り方

1 **A**は合わせる。ねぎは1本を斜め薄切り、もう1本は全体に細かな斜めの切り目を入れてから3cm長さのぶつ切りにする。
2 とり肉はすべてに皮がつくように、一口大のそぎ切りにする。
3 フライパンに油を熱し、**2**を皮目を下にして焼く。焼き目がついたら上下を返して端に寄せ、あいたところにぶつ切りのねぎを入れ、転がしながら焼く。
4 ねぎに焼き目がついたら、**A**を加え、肉に火が通るまで約3分煮る。薄切りにしたねぎを加えてさっと煮る。
5 器に盛り、溶き卵と粉ざんしょうを添える。

○1人分396kcal／塩分3.5g

レパートリーなんて10個もあれば充分だ！

「笠原さんはどれくらい料理のレパートリーがあるんですか？」

料理教室でよく聞かれる質問だ。

「まぁ、6万レシピくらいですかね」と、冗談で答える。たまに真に受ける人もいるからここに書いておけば、そんなにあるはずがないのはおわかりいただけるだろう。数えたことはないからわからないが、おそらく50個もないのではないだろうか。そんなに少ないのかと思われる人も多いと思うが、これには理由がある。それについては後ほど書くことにしよう。

「私、肉じゃがだけは、得意なんです！」

「彼氏のために豚汁を覚えたい！」

「唐揚げはできるけど、天ぷらは苦手！」

こんな台詞も料理教室でよく聞く。別に悪い台詞ではないが、このような考え方のうちはまだまだ料理上手になるにはほど遠い。どこが問題なのかというと、料理を点でしか捉えていないということなのだ。

最近の料理教室などは、肉じゃがだけ、豚汁だけ、鶏の唐揚げだけ、とすぐ一品作れるような教え方をする。レシピを渡して、はい、さようなら。その一品だけで終わってしまうのである。本当の料理上手を目指すなら、料理を立体的に捉えなければならない。つまり、料理名ではなく、作業名を覚えるのだ。

煮物上手になりたい。揚げ物上手になりたい。包丁の使い方が上手になりたい。このように考えてほしいのだ。例えば、煮物上手になりたいなら、煮物とはどういう作業なのかを考える。だしや調味料などの液体を介在させ、素材を加熱しながら味つけをする。これが煮るという作業だ。さらに素材を下ゆでするのか、アクを抜くのか、揚げてから煮るのか、たっぷりの煮汁で煮含めるのか、煮汁がなくなるまで煮詰めるのかなど、煮物といってもさまざまな方法がある。この煮るという作業が理解できれば、その瞬間から肉じゃがでも、筑前煮でも、かぼちゃの田舎煮でも、おもしろいようにおいしく作れるようになる。揚げ物、焼き物だって同じことだ。私が最初に書いた、そんなに料理のレパートリーなんてないというのは、これがいいたかったのだ。

私の修業時代は、煮方にいれば、毎日煮るという作業ばかり。焼き場にいれば、焼き物を。造り場にいれば、魚をさばきまくる。それぞれの作業がどういう意味でやることなのか。素材によってどう変えるのか。骨の髄まで染み込むほど、とにかく徹底的にたたき込まれた。その基本作業的な料理50個くらいがレパートリーであるということであって、そこから素材を変え、味つけを変え、と派生させていけば無限のレパートリーがあるということになる。すべての料理にまつわる作業が理解できるようになると、応用がきき、目の前にある素材だけでもパパッと料理できるようになる。つまり、料理で遊べるようになるのだ。

ただ、勘違いしないでほしいのは、レパートリーがたくさんあるからえらいといっているのではない。家庭では自分の得意な料理なんて10個もあれば充分。あれもこれもとレパートリーを増やさなくても「これは得意だ」「これには自信がある」という料理を作ることがまず大事だと思う。

私の母は何かあると必ずカレーかおでんを作っていたし、母方の祖母は酢豚と角煮が上手だった。父方の祖母はとにかく天ぷらが得意だった。本当においしい料理ならば、それが繰り返し出てきたとしてもそんなに飽きることはないだろう。どの料理も子供の頃よく食卓に上がったものだが、私は毎回楽しみだった。今でも食べたいなぁと思い出す。

まずは皆さんにも料理を作業から理解してもらうこと。何度も繰り返し作って自分の得意料理をみつけてもらうこと。これをしてほしい。ここではこの2つが皆さんに伝えたいことだ。

「なすの田舎煮」（P86）は一見素朴で地味な料理だが、煮物の作業のいろいろなテクニックが使われている。こういうシンプルな煮物がバチッと作れるようになると、かっこいいのではないだろうか。

なすの田舎煮

丸々太ってぷっくりとしたなすの
見た目を生かした、存在感ある田舎煮。
煮干しと昆布とともに煮るからだし汁いらず。
煮汁をたっぷり吸ってひとまわり太った
なすから煮汁がジュワーッ、が
クセになるおいしさ。ごま油で炒めて
美しい紫色をキープするのもおいしさのコツ。

●材料(2〜3人分)

なす……6個
しょうが……大1かけ(約20g)
煮干し……10本
A
- しょうゆ……大さじ2・1/2
- みりん……大さじ2
- 砂糖……大さじ1・1/2
- 水……2カップ

昆布(約6×6㎝)……1枚
ごま油……大さじ3

●作り方

1 しょうがはせん切りにし、水にさらす。煮干しは頭とはらわたを取る。

2 なすはがくを切り取り、先端を切り落とす。なすを少しずつ転がしながら、まずは上半分全体に、縦に浅い切り目を入れる。下半分も同様に切り目を入れる。

3 フライパンにごま油を熱し、**2**を全体に油がなじむまで炒める。

4 **A**、煮干し、昆布を加える。ひと煮立ちしたら弱火にし、アルミホイルで落としぶたをして約15分煮る。火を止め、そのままさまして味を含ませる。

5 昆布は食べやすい大きさに切る。器に煮汁とともになす、昆布、煮干しを盛り、しょうがを水けをきって添える。

○1人分215kcal/塩分2.6g

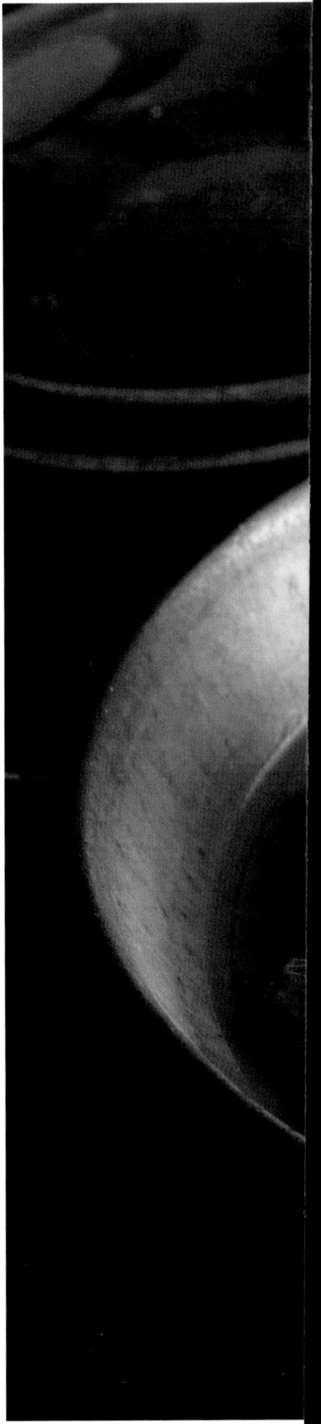

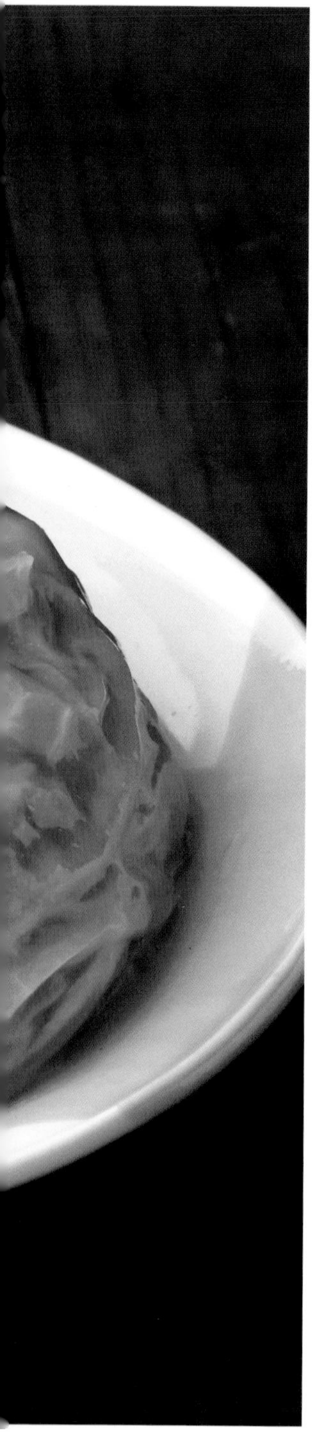

●材料（4人分）

春キャベツ……1個

A
- とりひき肉……300g
- 卵……1個
- 三つ葉……1/3わ
- 長ねぎ……1/2本
- 片栗粉、しょうゆ、みりん……各大さじ1
- こしょう……少々

B
- だし汁……1・1/2カップ
- うす口しょうゆ、みりん……各大さじ1

C　片栗粉、水……各適量

塩……適量

練りがらし……適量

●作り方

1 Aの三つ葉は1cm長さ、ねぎはみじん切りにし、ボウルに入れる。卵を割り入れ、残りのAの材料を加えてよく練り混ぜる。

2 鍋に湯を沸かして塩を加え、キャベツの葉を外側から1枚ずつはがしてゆで、ざるにあける。

3 直径18cm、深さ8cmの鍋に大きめの葉を4～5枚、葉先が鍋底にくるようにすき間なく敷き詰める。さらに小さめの葉を底に2枚ほど重ねて敷く。

4 1の半量をきっちり詰め、残りのキャベツの半量を敷き詰める。残りの1、キャベツも同様にし、鍋のまわりに出た葉を折り畳んでふたにして軽く押さえる。

5 Bを混ぜて、1/3量を4にまわりから注ぎ入れる。ふたをして弱めの中火にかけ、約20分煮る。途中、残りのBを数回に分けて加える。

6 へらでキャベツを押さえて5の煮汁を別の鍋にすべて移し、火にかける。煮立ったら、合わせたCでとろみをつける。

7 5の鍋に皿をかぶせ、ひっくり返して中身を取り出す。6を回しかけ、からしを添える。食べやすい大きさに切る。

○1人分259kcal／塩分2.0g

春キャベツと
とりひき肉の重ね煮

甘く、やわらかな春キャベツとうまみたっぷりの
とりひき肉を層に仕立てた春色のミルフィーユ。
見た目の存在感とジューシーな味わいで、
もてなしにも喜ばれること間違いなし。
おすすめです。

パプリカの
肉詰め冷やし鉢

肉厚パプリカの甘みに、とりひき肉の
やさしい味わいを詰めてだしで蒸し煮。
ひき肉だねには豆腐を加えて
ヘルシーに仕立てました。
冷蔵室で冷やしてどうぞ。

●材料（4人分）

赤パプリカ……2個
とりひき肉……200g
もめん豆腐……150g
A［片栗粉、しょうゆ、みりん……各大さじ1
　塩……少々
B［だし汁……1・1/2カップ
　うす口しょうゆ、みりん……各大さじ1・1/2
しょうがのせん切り……30g
万能ねぎの小口切り……5本分

●作り方

1 豆腐はペーパータオルに包んで約30分おき、水きりする。
2 ボウルにひき肉と、豆腐をくずして入れ、**A**を加えてよく練り混ぜ、4等分する。
3 パプリカは縦半分に切り、**2**を1/4量ずつ詰める。

4 フライパンに**B**を入れ、**3**を肉だねを上にして並べ入れる。ふたをして火にかけ、煮立ったら弱火で約15分煮る。火を止め、そのまま粗熱がとれるまでおく。
5 容器に汁ごと移し、冷蔵室でしっかり冷やす。縦半分に切って器に汁とともに盛る。しょうがは水にさっとさらし、水けをきり、万能ねぎとともにのせる。

○1人分177kcal／塩分2.1g

ふろふきじゃがいも

ホクホクのじゃがいもをまるごと、
おでんのようにやさしい味わいのたっぷり煮汁で炊き、
ねぎみそと合わせたボリュームおかず。
じゃがいもさえあればできる気楽さも、いいでしょ。

●材料(4人分)

じゃがいも……大4個

A
- だし汁……2・1/2カップ
- うす口しょうゆ、みりん……各大さじ2

B
- 長ねぎのみじん切り……1/2本分
- みそ……100g
- 卵黄……1個分
- みりん……小さじ4
- 砂糖……20g
- 酒、ごま油……各大さじ1

●作り方

1 じゃがいもは水にさっとさらす。

2 鍋に**1**と**A**を入れ、火にかける。煮立ったら弱火にして落としぶたをして、竹串がすっと通るまで約20分煮る。

3 **B**の、ねぎとごま油以外の材料は混ぜ合わせる。

4 フライパンにごま油を熱し、ねぎを炒める。しんなりしたら**3**を加え、弱火で焦がさないように練りながら、ぽってりするまで火を入れる。

5 器に**2**を煮汁とともに盛り、**4**を適量ずつのせる。好みで糸とうがらしをあしらう。

※余った**4**のねぎみそは密閉容器に入れ、冷蔵室で約1週間保存可能。

○1人分205kcal/塩分2.2g

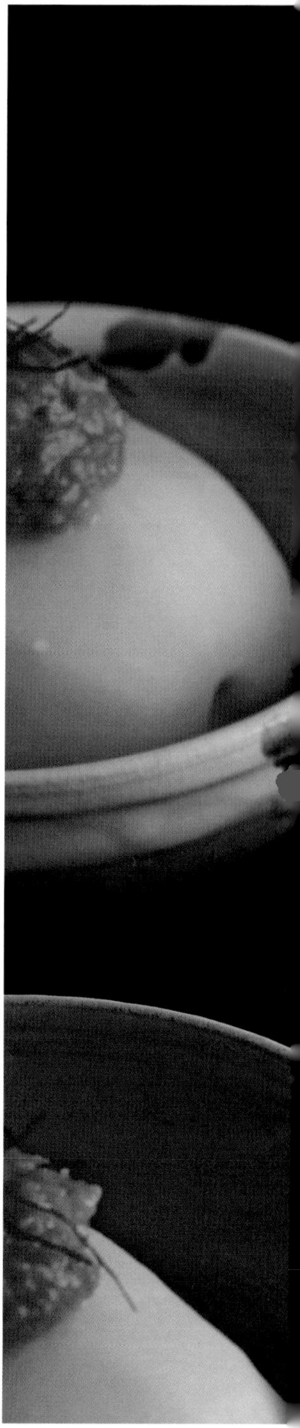

揚げる

なすの竜田揚げ

油で揚げることでトロッとした食感になり、
甘みが増すなすは、味がしみやすいように
ところどころ皮をむいて乱切りに。
下味をしっかりつけて片栗粉をまぶしたら、
あとは揚げるだけ。
こんな簡単なメニューがあるだろうか!?

●材料(2〜3人分)

なす……4個

A［ おろしにんにく……小さじ1
　　 しょうゆ、みりん……各大さじ3

さやいんげん……4本

片栗粉……大さじ3

揚げ油……適量

塩……少々

すだち……1〜2個

●作り方

1 なすは皮むき器で皮をしま目にむいて、乱切りにする。いんげんは長さを3〜4等分に切る。

2 ボウルに**A**を混ぜ合わせ、なすを入れる。手でよくもみ込み、そのまま約10分おく。

3 **2**の汁けを軽くきり、片栗粉を加える。両手で全体を混ぜ合わせる。

4 揚げ油を中温(約170℃)に熱して**3**をそっと入れる。約3分、表面がきつね色になるまで揚げ、取り出して油をきる。続けていんげんを入れ、さっと揚げ、油をきって塩をふる。

5 器に盛り、すだちを半分に切って添える。

○1人分273kcal／塩分2.1g

忙しい日こそ揚げ物

「きょうは時間がないから天ぷらにでもしようかね」

私が子供の頃、父方の祖母がよくいっていた台詞だ。前にも書いたが、祖母はよく天ぷらを揚げていたし、上手だった。油がへたるまで大皿2枚分くらいの大量の天ぷらを毎回揚げてくれた。私といとこたちは、その揚げたてを片っ端から頬張った。残った天ぷらはそのまま新聞紙をのせて台所の机の上に置いてあり、たまに通りかかるとそのまま手でつまみ食いした。次の日は甘辛く煮て天丼にしてくれた。それがまた楽しみだった。

子供の頃は祖母のそんな台詞を何とも思っていなかったが、料理人になった今は、まったくもって理解できる。すばらしいとさえ思う。

最近の人たちは家で揚げ物をしないと聞く。

「台所が汚れるから嫌なのよねー」

「油がはねるから怖いー」

「残った油、どうすればいいかわかんなーい」

よく聞く台詞だ。

張本　勲さん（野球評論家）だったら「喝!!」だろう。確かに皆さんがいいたいことはわかる。特に料理初心者の方に家で揚げ物はハードルが高いだろう。ただ、考え方を変えてみれば、揚げ油さえ用意すればあとは素材と衣だけで揚げ物は作れてしまうのだ。しかも揚げたてがいちばんおいしい。何種類もの食材を切って、炒めて、煮て作るカレーや、しばらくおいて味が染みたほうがおいしい煮物などより、よっぽどすぐ作れて、すぐ味わえ、簡単なのではないだろうか。天ぷらなんかは海老だ、イカだといろいろ具材をそろえなくても家だったら冷蔵庫の残り物をいろいろ揚げてしまえばいいと思う。祖母もかまぼこ、豚こま、キャベツといろいろなものを揚げていた。

家だったら衣も市販の天ぷら粉で充分だ。むしろ誰が揚げてもカラッとおいしく揚がるこれは、ノーベル賞ものの発明品だと私は思う。

油に関しても祖母のように、へたるまで使いきってしまえばいいのである。天ぷらでも唐揚げでも、とんカツでも、きょうは揚げ物をすると決めたら大量に揚げてしまえばいい。

だいたい、たまにちょっとしか揚げないから揚げ物が面倒になるのだ。使い倒した揚げ油は固めて捨てるだけだし、食べきれなかった揚げ物は次の日にアレンジして楽しめばいいではないか。祖母のように甘辛く煮て、天丼やカツ丼。唐揚げは甘酢あんで野菜とからめて酢豚風にしたり、タルタルソースをかけてチキン南蛮風にしたり。笠原家なんておやつ代わりにも、そのままパクパク食べていた。

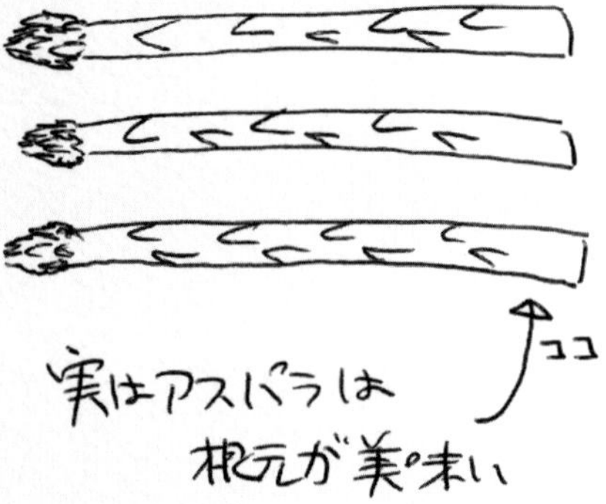

台所が汚れるだ、油がはねるだいっている方々も、汚れたらすぐ拭けばいいのだ。私の知ってる天ぷら屋さんもとんカツ屋さんも、油をすぐ拭くからいつもどこでもピカピカ。それにどんな作業をしたって、それなりに台所は汚れる。揚げ物を悪者扱いするのは間違い。油がはねて恐ろしい人は、揚げる前に素材や揚げ箸、網じゃくしに水分がついていないか確認すればいい。水がついているから油がはねるのである。

仕事に家事に、大勢いた孫たちのお守りにと忙しかった祖母。

「きょうは時間がないから天ぷらにでもしようかね」

今、この言葉は私の胸にグッと突きささる。忙しいけれど、みんなにおいしいものを食べさせたいと願う、祖母の愛の詰まった金言！

とにかく揚げ物は加熱調理の中でも最短調理。発想を変えて、忙しい日こそ家庭でもドシドシ揚げ物をしてほしいと思う。

揚げ物の中でもコストがかからず、冷蔵庫に残った食材の整理にもなり、いろいろなバリエーションが楽しめるのがかき揚げ。おかずにもつまみにもなるし、ボリュームも出せる。「アスパラガスとえびの一口かき揚げ」（Ｐ１０２）も、アスパラの代わりにきのこや人参、海老の代わりにイカや蟹かまぼこなど、自由な組み合わせで楽しんでいただきたい。

アスパラガスとえびの 一口かき揚げ

アスパラガスとえびに加えたのは
甘みをプラスしてくれる玉ねぎ。
冷水は様子を見ながら少しずつ加える、
油の中に落としたらしばらくいじらない、がコツ。
大根おろしマヨだれで味わい豊かに。

●材料(3〜4人分)

グリーンアスパラガス……6本
えび……8尾
玉ねぎ……1/2個
A
- 卵黄……1個分
- 小麦粉……80g
- 冷水……90mℓ

揚げ油……適量
レモン(国産)……1/2個
B
- 大根おろし……大さじ4
- マヨネーズ……大さじ2
- 粗びき黒こしょう……少々

塩……適量

●作り方

1 アスパラガスは根元のかたい部分を手で折って除き、1cm幅に切る。玉ねぎは1cm四方に切る。えびは殻と背わたを取り、1cm幅に切る。

2 **1**をボウルに入れ、**A**の小麦粉を加え、全体にざっと合わせてまぶす。卵黄を加えてさっと混ぜる。冷水を、具材がひとかたまりになるくらいまで少しずつ加え、そのつど混ぜる。

3 揚げ油を中温(約170℃)に熱し、**2**をスプーンですくって一口大にまとめ、そっと落とし入れる。3〜4分そのままいじらず、浮いてきたら返し、まわりの泡が小さくなるまで揚げる。

4 油をきって器に盛り、レモンを厚めのいちょう切りにしてあしらう。**B**を混ぜ合わせて、塩とともに添える。

○1人分484kcal/塩分1.3g

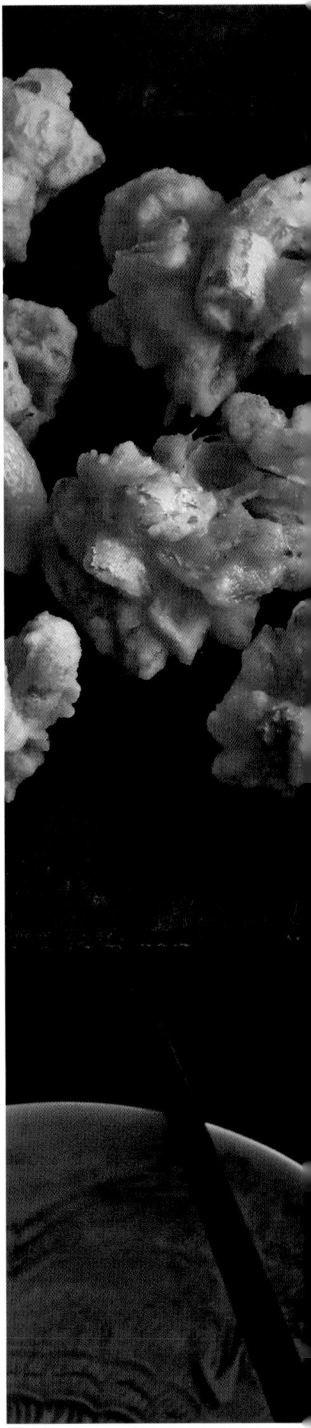

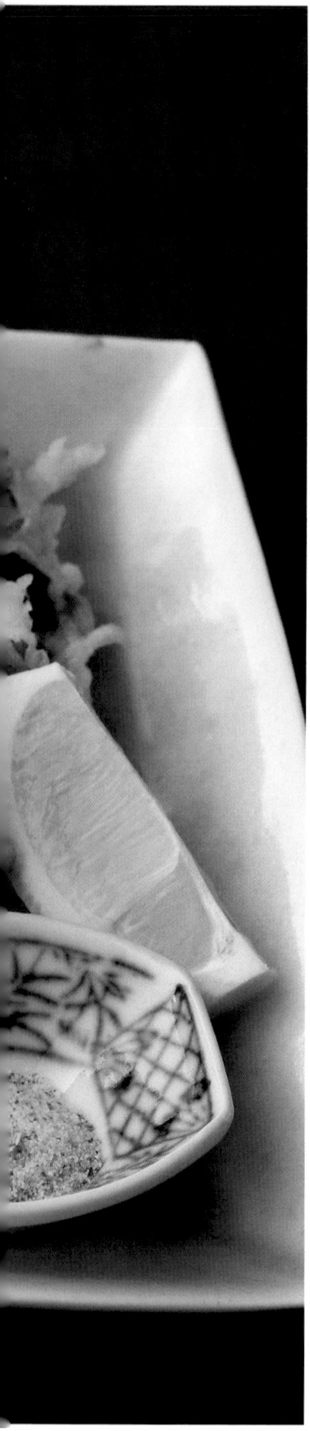

●材料(4人分)

ゆでたけのこ……2個(約400g)
わかめ……50g
にんじん……1/2本
あれば木の芽……適量

A
- 卵黄……1個分
- 小麦粉……80g
- 冷水……3/4カップ

B
- 塩……大さじ1/2
- 粉ざんしょう……小さじ1/4

小麦粉……適量
揚げ油……適量
レモンのくし形切り……1/4個分

●作り方

1 たけのこは穂先を薄いくし形切りに、根元は薄いいちょう切りにする。わかめはざく切りに、にんじんは5cm長さ、3mm幅の拍子木切りにする。

2 **1**をボウルに入れ、小麦粉(薄くまぶさるくらい。目安は約大さじ3)を加えてまぶす。木の芽を刻んで加え、混ぜる。

3 別のボウルに**A**を混ぜ合わせ、**2**に加えてざっと混ぜる。

4 揚げ油を中温(約170℃)に熱し、木べらの先のほうに**3**を適量のせ、滑らせるようにそっと入れる。しばらくそのままにし、まわりが固まったら上下を返しながら4〜5分揚げる。

5 油をきって器に盛り、**B**を混ぜて、レモンとともに添える。

○1人分510kcal/塩分2.4g

たけのことわかめのかき揚げ

春の出合いものといえば、たけのことわかめ。
2つをぜいたくに使ったかき揚げは
さんしょう塩とレモンでさっぱりいただきたい。
まずはおかずとして。それから
ご飯にのせてかき揚げ丼にしても。

あじの青じそ巻き天ぷら

これぞまさしく、外はカリッと中はふわふわの代名詞のような逸品！
その秘密は小麦粉に加えた炭酸水。これでサクサク感アップ。
あじを巻いた青じそのいい香りに、梅みそやレモンがよく合うんだ。

●材料（3〜4人分）

あじ……3尾
（または三枚におろしたもの3尾分）
青じそ……18枚
A 梅干し……2個
A みそ……大さじ3
A みりん……大さじ1
B 小麦粉……100g
B 炭酸水……1カップ
揚げ油……適量
小麦粉……適量
レモンの半月切り……適量
塩……適量

●作り方

1 あじは右記を参照して三枚におろし、3等分する。
2 **A**の梅干しは種を除いて包丁でたたき、残りの材料と混ぜ合わせる。
3 ボウルに**B**を入れ、泡立て器で粉けがなくなるまで混ぜ合わせる。
4 揚げ油を中温（約170℃）に熱する。**1**のあじを1切れずつ、しそ1枚で包み、表面に小麦粉を薄くまぶして**3**にくぐらせる。揚げ油に入れ、約3分揚げて油をきる。
5 器に盛り、**2**、レモン、塩を添える。

○1人分281kcal／塩分3.0g

◎あじの三枚おろし

ぜいごとうろこを取り、胸びれの後ろ側から頭を斜めに切り落とす❶。腹に切り目を入れ、内臓を除いて流水で洗い、水けを拭く。骨の上に沿って包丁をはわせるようにして身をそぐ❷。向きを変え、もう片面も同様にしてそぐ❸。両方の腹骨をそぎ落とし❹、小骨を骨抜きで抜く❺。頭があったほうの端から皮を少しめくり、包丁を使って少しずつはがし❻、半分まできたら身を押さえながら残りを手ではがす。

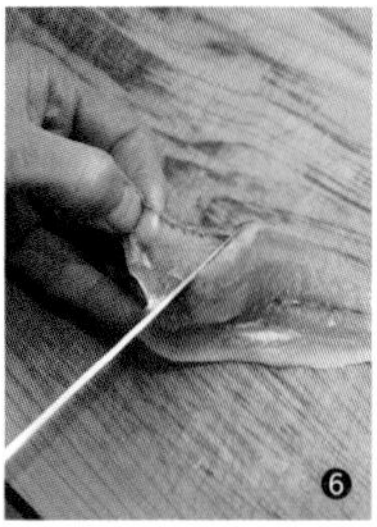

●材料(3〜4人分)

なす……4個
とりむね肉……小1枚(約200g)
しょうが……大1/2かけ(約10g)
みょうが……2個
貝割れ菜……1/2パック
長ねぎ……1/2本
A
- 昆布(8×7㎝)……1枚
- 酢……3/4カップ
- しょうゆ……1/2カップ
- 砂糖……大さじ4
- 水……3カップ

塩……少々
小麦粉……適量
揚げ油……適量
一味とうがらし……少々

●作り方

1 **A**の昆布と水を大きめのバットに入れ、30分以上おく。

2 しょうがとみょうがはせん切りにし、貝割れ菜は長さを3等分に切る。ねぎは斜め薄切りにする。

3 **1**に**A**の残りの材料を加えて混ぜ、**2**も加えて混ぜ合わせる。

4 なすは一口大の乱切りにする。とり肉は皮を除き、1㎝厚さの一口大に切って塩をふり、小麦粉を薄くまぶす。

5 揚げ油を中温(約170℃)に熱し、**4**をそれぞれ揚げる。まわりの泡が小さくなり、浮いてきたら取り出す。油をきり、**3**に漬ける。ラップをかけ、冷蔵室で1時間以上おく。器に盛り、一味をふる。

○1人分244kcal/塩分2.8g

なすととり肉の南蛮漬け

素揚げしてコクをプラスしたなすと
衣をつけて揚げたふわふわのとりむね肉を、
薬味がたっぷり入った漬け汁に漬けるだけ。
あっさり、なのにコクあり。
コクあり、なのにあっさりの、
絶妙なバランスがクセになる。

さばと秋野菜の甘酢あんがらめ

脂がのったジューシーなさばと秋野菜をカラリと揚げ、甘酢あんをからめたおかず。かくし味のしょうがとトマトケチャップがいい仕事してます。かた焼きそばにのせても！

●材料（4人分）

さば（半身）……2枚

A
- しょうゆ、みりん……各大さじ2
- おろししょうが……小さじ1

かぶ……2個

玉ねぎ……1個

にんじん……1/2本

エリンギ……2本

B
- だし汁……1・3/4カップ
- 酢……大さじ3
- 砂糖、しょうゆ……各大さじ2
- トマトケチャップ……大さじ1・1/2

C 片栗粉、水……各小さじ2

揚げ油……適量

片栗粉……適量

一味とうがらし……少々

●作り方

1 さばは腹骨があればそぎ、小骨を除き、大きめの一口大に切る。**A**をもみ込み、約10分おく。

2 かぶ、玉ねぎは2㎝幅のくし形に切る。にんじんは小さめの乱切りに、エリンギは食べやすく切る。

3 フライパンに**B**を入れ、火にかける。煮立ったら、合わせた**C**でとろみをつけ、火を止める。

4 揚げ油を中温（約170℃）に熱し、**2**を入れて約3分素揚げして油をきる。続けて**1**の汁けをきって片栗粉を薄くまぶして入れ、約3分揚げて油をきる。

5 **3**を火にかけて**4**を加え、あんをからめる。器に盛り、一味をふる。

○1人分514kcal／塩分3.2g

さつまいもの和風えびチリ

プリプリのえびにホクホクのさつまいもを合わせることで、食感とボリュームをアップ。ピリ辛味にさつまいもの甘みが好相性。豆板醤とトマトケチャップで作る気軽なチリソースっていうのもいいでしょ!?

●材料(2〜3人分)

さつまいも……1本
えび……8尾
長ねぎ……1/2本
A
- だし汁……1・1/2カップ
- しょうゆ、みりん……各大さじ1
- 砂糖……小さじ1

B　片栗粉、水……各大さじ1
片栗粉……適量
揚げ油……適量
サラダ油……大さじ1
トマトケチャップ……大さじ2
豆板醤……小さじ1
黒いりごま……少々

●作り方

1 さつまいもは皮つきのまま縦半分に切って1㎝厚さの半月切りにし、水にさっとさらし、ざるにあける。ねぎはみじん切りにする。
2 えびは殻をむいて背に浅く切り目を入れ、背わたを取って片栗粉をまぶす。
3 揚げ油を中温(約170℃)に熱し、さつまいもの水けを拭いて入れ、3〜4分揚げる。竹串を刺してすっと通ったら取り出して油をきる。続けて、えびを約1分揚げて油をきる。
4 フライパンにサラダ油を熱し、ねぎを炒める。しんなりしたらケチャップと豆板醤を加え、香りが立つまで炒める。
5 **A**を混ぜて加え、ひと煮立ちしたら、合わせた**B**を加えてざっと混ぜる。**3**のさつまいもとえびを加え、さっと合わせてひと煮立ちさせる。
6 器に盛り、黒ごまをふる。

○1人分366kcal／塩分2.1g

揚げ出しれんこん

身がしっかり詰まって
甘みが凝縮したれんこんは
厚めに切って食べごたえを出し、
揚げ出しのあんには
ベーコンを加えてうまみを倍増。
豆腐のふわふわと合わせて
食べごたえのあるごちそう惣菜に。

●材料(4人分)

れんこん……500g
もめん豆腐……1丁
万能ねぎ……3本
ベーコン……4枚
A だし汁……2カップ
　しょうゆ、みりん……各大さじ2
B 片栗粉、水……各大さじ1
揚げ油……適量
片栗粉……適量
粗びき黒こしょう……少々

●作り方

1 れんこんは皮つきのままよく洗い、2cm厚さの半月切りにし、大きければいちょう切りにする。豆腐は軽く水けを拭き取り、8等分に切る。万能ねぎは小口切りにし、ベーコンは1cm幅に切る。

2 揚げ油を中温(約170℃)に熱し、れんこんに片栗粉を薄くまぶして入れ、4〜5分揚げる。取り出して油をきる。豆腐に片栗粉を薄くまぶして入れ、2〜3分揚げて油をきる。

3 小鍋に**A**とベーコンを入れ、火にかける。煮立ったら、合わせた**B**でとろみをつける。

4 器に**2**を盛り、**3**をかける。万能ねぎをのせ、こしょうをふる。

○1人分338kcal／塩分2.0g

ゆでる・あえる

豚しゃぶほうれん草

**しゃぶしゃぶにして大根おろしと合わせ、サラダ風にした豚バラと、
ほうれん草のおひたしを合わせ盛りした、あっさりなのに満足度大のヘルシーおかず。**

●材料（2〜3人分）

豚バラ薄切り肉……200g
ほうれん草……1わ
大根……1/3本（約300g）
A［だし汁……1・1/2カップ
　 しょうゆ、みりん……各大さじ2
B［酢……大さじ2
　 しょうゆ、みりん、ごま油……各大さじ1
塩……適量
白いりごま……適量
一味とうがらし……少々

●作り方

1 大根はすりおろして汁けをきる。**A**を鍋に入れて火にかけ、煮立ったら火を止め、ボウルに移してさます。

2 鍋に湯を沸かし、塩を加える。ほうれん草を根元から入れ、30〜40秒ゆでる。冷水に放し、菜箸で混ぜてさましつつ、アクを抜く。

3 ほうれん草の水けをしっかり絞って3㎝長さに切り、**1**の汁につける。

4 **2**の鍋の湯を沸かし、火を止める。豚肉を入れてしゃぶしゃぶし、色が変わったらざるにあけて湯をきる。

5 器に**4**を全体に広げるように盛り、**B**を混ぜてかける。**1**の大根おろしをまんべんなくのせ、**3**のほうれん草の汁けを軽くきってのせる。白ごまと一味をふる。

○1人分366kcal／塩分2.6g

冷やしトマトおでん

すみずみまでだしをしみ込ませた夏のジューシーおでん。
あっさり、さっぱりすませたい、そんな日に。

●材料（4人分）

トマト……4個
A［だし汁……3カップ
　うす口しょうゆ、みりん……各40mℓ
オクラ……8本
塩……適量
練りわさび……小さじ1/2
サラダ油……小さじ1

●作り方

1 トマトはへたを手でやさしく取り、沸騰した湯にまるごとそっと入れる。皮がむけてきたら、氷水にとって皮をむく。

2 鍋をきれいにして**A**を入れ、火にかける。煮立ったら火を止め、**1**を加えてペーパータオルをかぶせ、そのままさます。粗熱がとれたら冷蔵室で冷やす。

3 オクラは塩少々をふって表面をこする。沸騰した湯で鮮やかな緑色になるまでゆで、氷水にとる。水けを拭いてへたを取り、縦半分に切る。種と身の間に菜箸を差し込み、菜箸を滑らせて種を取り除く。包丁でたたいてとろろ状にし、練りわさび、塩少々、油を加えて混ぜる。

4 **2**のトマトを四つ割りにし、器に盛る。つけていただしを張り、**3**をのせる。

○1人分60kcal／塩分1.6g

腕、舌、遊び心

「腕、舌、遊び心」この言葉は、私が料理人にとって大事で、必要だと思う3つの要素である。

きれいに野菜を切ったり、魚をおろしたり、料理を盛りつけたり、上手に天ぷらを揚げたり、肉を焼いたりする技術。すなわち腕。

その日の野菜の状態により煮物の味加減を変えたり、だしの出具合でかつお節と昆布のバランスを調節したり、魚の脂ののり具合で酢じめの時間を決めたりする感覚。すなわち舌。

この2つは料理人でなくとも、なんとなく理解していただけるだろう。ただもうひとつの要素、遊び心がいちばん大事で、難しいものだと私は考えている。腕と舌はある程度修業し、経験を積めば、それなりのレベルに達することができる。けれども、遊び心に関してはそうはいかない。

その人の持って生まれた性格、人間性、今までの人生経験などが大きく影響するからだ。私の経験上、人気店のオーナーシェフたちは皆、遊び心にあふれている。読んだだけで涎《よだれ》が出るようなおいしそうなメニュー名だったり、よくこんな組み合わせを思いつくなぁと感心する素材使いだったり、お客様が歓声を上げるような美しく、かわいい盛りつけだったり。

とにかく人を喜ばせよう、驚かそう、感動させようというパワーがすごい!!

そしてみんな気がきく。何手も先までのことを読んで仕事をしている。腕と舌さえあれば料理は作れるが、遊び心が加わることで、料理はさらに何倍も魅力的なものになる。その人のお店に行きたくなる。私ももっともっと遊び心を鍛えていきたいと思っている。

ここまではあくまでもプロの料理人の視点で書かせてもらった。では家庭料理ではどうなのか。当然、腕、舌、遊び心があるに越したことはない。ただ、前にも書いたが、家庭料理とお店の味は違う。家庭では自分のできるレベルで料理を楽しめばいい。

私がひとつ思うのは、遊び心が家庭料理をいちばん楽しくしてくれる要素ではないかということ。特に献立作り。真面目できちんとした人ほど、毎日の献立作りが大変、思いつかないとお悩みではないだろうか。家庭料理は基本ルール無用。私は日本料理の店を営んでいるから毎日日本料理しか作らない。また、そのなかである程度決まった品数をお客様に出すのであって、家庭料理は何料理屋さんにもなれるし、何品出したっていい。きょうはイタリアン、あしたは中華。インドだって、ロシアだって韓国だって好きなものを作れる。料理で旅ができるのだ。きょうはめちゃくちゃ集中して一品だけ作りました！なんてこともありだし、きょうは小皿料理ばかり20皿出すわよ！もありだ。とにかく家庭料理では楽しんだ者勝ち。私もコロナ禍のステイホーム期間中、家で子供たちにいろいろな料理を作ったが、久しぶりに楽しかった。ある日の献立を例にあげれば、トマトのカプレーゼ、グリーンカレー、まぐろの刺し身、酢豚、デザートにプリン。もうめちゃくちゃである。栄養バランスも味の組み合わせもへったくれもない。でも楽しかった。子供たちも

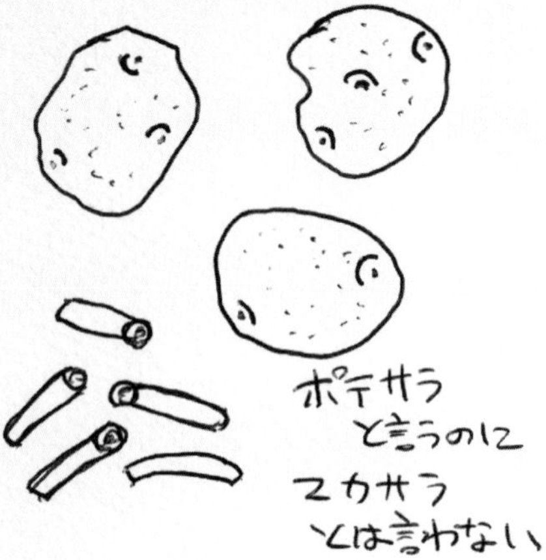

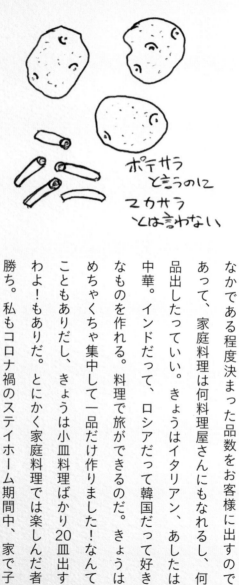

みんな、喜んでくれた。

何品も作らなければと思い込みすぎて自分を追い込むのはよくない。家庭ではもっと遊び心を持って料理を楽しんでいただきたい。

私の店でも実際に遊び心から生まれてお客様に好評をいただいている料理がたくさんある。果物の柿を揚げた「カキフライ」。生姜の甘酢漬けで作ったシャーベット「ガリガリちゃん」。たこのやわらか煮を炊き込んだ「タコライス」。高野豆腐の炒め物「コーヤーチャンプルー」。お客様にウケるかな?と、こんな料理を考え、作っているとき、私はいちばんワクワクしている。

次に紹介する「新じゃが、マカロニサラダ」（P124）は、居酒屋さんに行って、きょうはポテトサラダにするか、マカロニサラダにするかと悩んだときに思いついた料理。こんなふうに自分の食べたいものを自由に考え、作れるのも家庭料理の楽しさなんじゃないだろうか。

新じゃが、
マカロニサラダ

玉ねぎ、ハム、きゅうり、卵が入った、
いわゆる定番のポテトサラダに、
マカロニも加え、かくし味に白みそも加えた
欲張りバージョン。
マカロニサラダもポテトサラダも両方好き!
そんな皆さんへ♥

●材料(6人分)

新じゃがいも……8個(約600g)
卵……2個
きゅうり……1本
玉ねぎ……1/2個
ハム……5枚
マカロニ……100g

A
マヨネーズ……大さじ5
白みそ……大さじ1
しょうゆ……小さじ1
練りがらし……小さじ1/2
砂糖……少々

塩……適量
バター……10g
粗びき黒こしょう……適量
ミニトマト……4個

●作り方

1 新じゃがいもはよく洗い、皮つきのまま、塩を加えた水から約20分、やわらかくなるまでゆでる。湯をきり、食べやすく切る。卵はかたゆでにし、粗く刻む。

2 きゅうりは薄い小口切りにし、塩少々をふってもみ、水けを絞る。玉ねぎは縦薄切りにし、塩少々をふってもみ、ざっと洗って水けを絞る。ハムは半分に切って細切りにする。

3 マカロニは塩少々を加えた湯で、袋の表示どおりにゆでる。ざるにあけて湯をきり、バターをからめる。

4 ボウルに**1**、**2**、**3**を入れ、**A**を混ぜて加え、さっくりとあえる。塩、こしょうで味をととのえ、器に盛ってミニトマトを添える。

○1人分299kcal/塩分1.9g

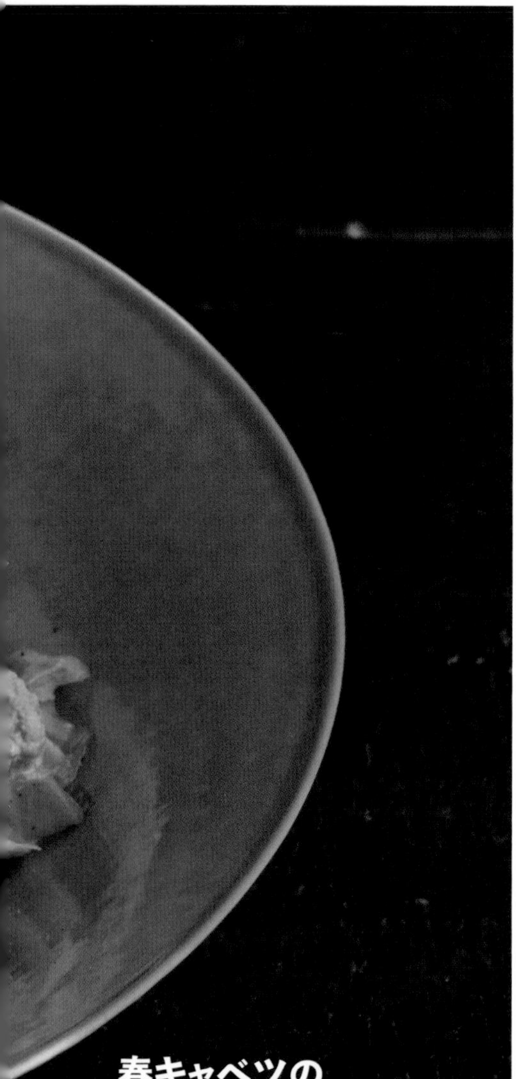

春キャベツの和風コールスロー

**やわらか春キャベツに加え混ぜるのは、
帆立水煮缶と、とろろ昆布。
うまみをしっかり浸透させたら、
すりおろしたにんじんに
マヨネーズを加えたたれをかけるだけ。
ヘルシー、なのにボリューム感と
コクありの満足コールスロー。**

●材料(6人分)

春キャベツ……1個(約800g)

A
- にんじん……1/4本
- マヨネーズ……大さじ3
- 酢……大さじ1

B
- サラダ油、うす口しょうゆ、酢……各大さじ2
- 砂糖……大さじ1/2

帆立水煮缶……1缶(約120g)

とろろ昆布……5g

粗びき黒こしょう……適量

●作り方

1 キャベツは半分に切って、葉は1〜1.5cm幅に切り、軸は薄切りにする。

2 **A**のにんじんはすりおろし、残りの材料を混ぜて加え、合わせる。冷蔵室に入れておく。

3 大きめのボウルに**B**を入れ、帆立を缶汁ごと加えて混ぜる。

4 **3**に**1**を加え、手で軽くもむ。全体になじんだら、とろろ昆布をほぐしながら少しずつ加え、そのつど混ぜ合わせる。

5 ラップをかけ、冷蔵室で約30分おいて味をなじませる。

6 器に盛り、**2**をかけて、こしょうをふる。

○1人分134kcal／塩分1.4g

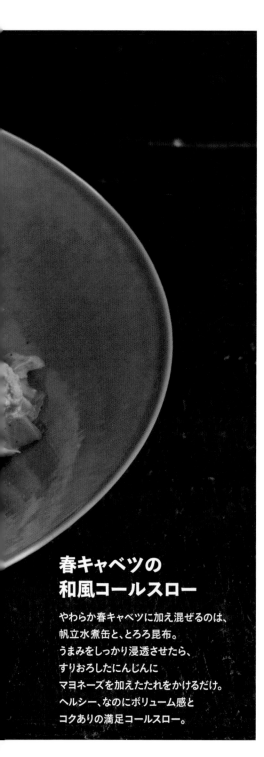

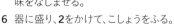

白菜漬け2種

冬の旬、白菜を余すことなく味わう2種の漬け物。外側の葉はしょうゆと砂糖、酢でさっと煮て福神漬に。内側の葉は塩もみしたのち、甘酢に漬けるのみ。ピリ辛甘じょっぱい福神漬と白菜の甘みを味わうあっさり甘酢漬け。どちらもご飯が進む、旬の恵みのお惣菜。

●材料（各4人分）

白菜 …… 1/4株（約400g）
にんじん …… 1/4本
しょうが …… 1かけ
ゆずの皮 …… 1/4個分
赤とうがらし …… 1本
A
- しょうゆ …… 120mℓ
- 砂糖 …… 80g
- 酢 …… 40mℓ

B
- 酢 …… 大さじ2
- みりん …… 大さじ1

塩 …… 小さじ1

●作り方

1 白菜は内側と外側で半量ずつに分ける。内側は3〜4㎝幅のざく切りに、外側は5〜6㎝長さ、7〜8㎜幅の短冊切りにする。

2 にんじん、しょうが、ゆずの皮はそれぞれせん切りにする。とうがらしは種を取る。

3 福神漬を作る。鍋に**A**ととうがらしを入れ、火にかける。煮立ったら短冊切りにした外側の白菜、しょうがを加えて混ぜる。火を止め、そのままさます。

4 さめたら、白菜としょうがをいったん取り出し、もう一度火にかける。煮立ったら、白菜としょうがを戻し入れ、火を止めてそのままさます。とうがらしは小口切りにして混ぜる。

5 甘酢漬けを作る。ボウルにざく切りにした内側の白菜、にんじんを入れ、塩をもみ込む。約5分おき、しんなりして水が出たらしっかりと水けを絞る。

6 ゆずの皮と**B**を加えてまんべんなくもみ込み、表面にラップをぴったりとして約30分おく。

※それぞれ漬け汁ごと密閉容器に入れ、冷蔵室で福神漬は約7日間、甘酢漬けは約5日間保存可能。

○甘酢漬け　1人分24kcal／塩分0.8g
○福神漬　1人分40kcal／塩分1.5g

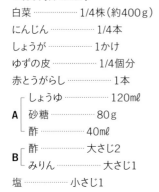

出合いもん

「笠原さんはどうやって新しい料理を考えるんですか？」

お客様からよく聞かれる質問のひとつ。

「サウナでいつも考えてますよ」

などと、なんとなく答えているが、実際は24時間、常にいいネタはないかと考えている。

自分の店の3店舗以外に、雑誌の連載、テレビの料理コーナー、料理教室、さまざまな企業のプロデュースなど、このご時世にありがたいことだが、ものすごい量の新しいメニューやレシピを考えなければならない。当然、毎回ポンポン新しい料理を思いつくはずもなく、便秘気分のときもある。市場に行って素材を目の前にして思いつくこともあれば、さまざまなジャンルのシェフの料理を食べに行き、参考にさせてもらうこともある。そんななか、最近いちばん多いのは、昔の料理をヒントにすることである。

修業時代に覚えた料理。父親が作っていた料理。古い家庭料理の本に載っていた料理。困ったときは原点に立ち戻るといいと聞くが、まさにその通りだと思う。なかでも新しい料理へと導いてくれるのが「出合いもん」という言葉。「出合いもの」ともいう、日本料理の世界ではよく使われるこの言葉は、同じ季節に旬を迎える料理の材料として相性がいい食材の組み合わせをいう。いつ、誰が考えたかはわからないが、まぁ本当にこの組み合わせはよく考えられているなぁと、ため息をつかずにいられない。それくらいよく考えられた、おいしい食材の組み合わせなのだ。

例えば、竹の子と若布《わかめ》、茄子とにしん、鱧《はも》と松茸、大根とぶりなど。季節ごとにさまざまな出合いもんがある。この出合いもんを知っていれば、新しい料理を考えるときの自分なりの道筋ができる。

本来は竹の子と若布を一緒に煮る若竹煮が定番だが、この組み合わせでサラダにしたらどうだろう？　炊き込みご飯にしてもおいしそうだと、アイディアは広がっていく。なんとなくいろいろ混ぜたら結果的にまぁまぁおいしかった。こういうこともたまにあるだろうが、私はこのようなまぐれ当たりのような根拠のない料理は好きではない。やはり自分なりに根拠のある、道筋がきちんと立てられ、考えられた料理を作っていきたい。

少し難しい話になってしまったが、家庭で毎回の献立が決められない、何を作っていいかわからないとお悩みの方たちは、この出合いもんの考え方を頭に入れてスーパーに買い物に行ってみてはどうだろう。日本料理の定番的出合いもんではなくても、現代的にもさまざまなジャンルの相性のいい組み合わせはたくさんある。例えば、生ハムと果物、トマトとチーズ、まぐろとアボカド、ベーコンとキャベツなど。

皆さんがそれぞれに好きな組み合わせで、新出合いもんを作ってみるのも楽しいのではないだろうか。とにかく相性のいい食材2つを買って帰って、まずは一品作ってみる。それにご飯を添えて食べてみて、こんなものがもう一品あったらいいなぁと思いついたものを次回の食事に加えてみる。こんなことを繰り返していれば、おのずと料理のレパートリーも、献立も増えていくだろう。

今書いたように「ないものを補う」。この考え方も料理のうえでは頭に入れておくと役に立つ。このおかずに足りないものはなんだろう？と考えていけば、自然と献立は浮かんでくるはず。味つけにしても、その素材に足りない味を足していけばいい。しょっぱい塩鮭にさらに塩をふる必要はないし、甘い果物に砂糖をかけることもないだろう。日本の食材はおいしいものが多いから、過剰な調味料使いも控えるべきだと思う。

出合いもんの定番のひとつ、鯛とかぶ。本来は煮物やお吸い物にする組み合わせだが、今回はサラダにしてみた（Ｐ１３４）。白ワインやシャンパンにも合うひと皿だ。鯛が手に入らなければ、ほかの白身魚や、海老、帆立などで作ってもいい。何回も作っていくうちに、自然とそういった応用もきくようになるのだ。

鯛とかぶのサラダ

**春先の水分をたっぷり含んだかぶは生のまま。合わせるのは、鯛の刺し身。
鯛かぶらから連想した、かぶの甘みとみずみずしさを生かし、味わうサラダ。
かぶは生のまま食すので皮をむいて。残った皮はきんぴらに。**

●材料(2〜3人分)

かぶ(葉つき)……4個
鯛(刺し身用)……1さく(約150g)
A
- だし汁……大さじ3
- 酢、サラダ油……各大さじ2
- 砂糖……小さじ1
- 粗塩……小さじ1/2

塩昆布……10g
塩……適量
白いりごま……適量

●作り方

1 かぶは葉を根元から切り落とし、皮を厚めにむいて10等分のくし形切りにする。葉は小口切りにする。それぞれに塩をふってもみ、約5分おく。身は水けを軽くきり、葉は水けをしっかり絞る。

2 鯛は一口大のそぎ切りにする。

3 ボウルに**A**を混ぜ合わせ、**1**と**2**、塩昆布を加え、手でさっとあえる。

4 器に盛り、白ごまをふる。

○1人分188kcal／塩分1.9g

◎残った皮はきんぴらに!

〈材料と作り方〉

かぶの皮は細切りにし、フライパンにごま油大さじ1を熱して炒める。しんなりしたら酒大さじ3、しょうゆ大さじ2、砂糖大さじ1を混ぜて加え、全体がなじんだら赤とうがらしの小口切り1本分を加えてざっと炒め合わせる。器に盛り、黒いりごま少々をふる。

○全量で198kcal／塩分5.2g

オクラとあじの
和風マリネ

色よくゆでたオクラと脂ののったあじを、
とろろ昆布と梅肉であえた食欲そそるマリネ。
日本酒やワインに合わせて酒の肴に、
酢飯にのせてちらしずしに、
あるいは麺にあえたりと、
何かと使える惣菜です。

●材料(3〜4人分)

オクラ……10本
あじ(刺し身用)……2尾分
青じそ……5枚
みょうが……2個
A［梅肉……大さじ2
　しょうゆ、サラダ油……各大さじ1
塩……適量
とろろ昆布……適量
白いりごま……適量

●作り方

1 ボウルにオクラと塩を入れ、表面をこすり合わせてなじませる。

2 鍋に湯を沸かし、オクラを30〜40秒ゆで、氷水にとる。水けを拭き、へたを切り落として一口大の斜め切りにする。

3 しそはせん切りにし、みょうがは薄い小口切りにする。あじは食べやすい大きさのそぎ切りにする。

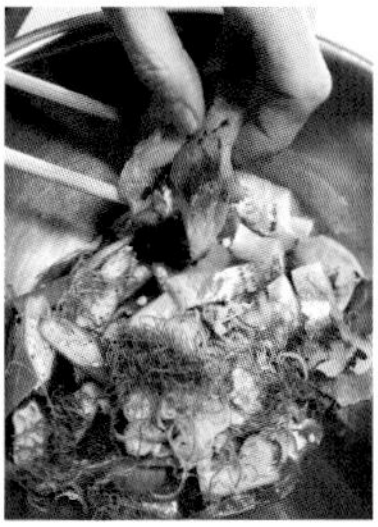

4 ボウルに**A**を入れて混ぜ、**2**、**3**を加えてあえる。

5 器に盛り、とろろ昆布と白ごまを散らす。

○1人分87kcal／塩分1.9g

かつおときゅうりのWたたき

さっぱりした赤身が特徴の初がつおをたたきにし、たたいたきゅうりと合わせたWたたき。
にんにくじょうゆでご飯もお酒もガッツリいっちゃって！

●材料（2〜3人分）

かつお（刺し身用・皮つき）…… 1節（約250g）
きゅうり…………………… 2本
長ねぎ…………………… 1/3本
A
- おろしにんにく………………… 小さじ1
- 酢…………………… 大さじ3
- みりん、しょうゆ、ごま油………… 各大さじ2

塩…………………… 適量
ごま油…………………… 大さじ1
白いりごま…………………… 大さじ1

●作り方

1 きゅうりは塩少々をふって板ずりし、流水で洗って水けをきる。包丁の腹やすりこ木でたたいて割り、3㎝長さに切る。ねぎはみじん切りにする。

2 かつおの皮目にフォークでまんべんなく穴をあける。ごま油をぬって、全体に塩少々をふる。

3 フライパンをよく温め、油をひかずに**2**を皮目を下にして入れる。へらでギュッと押さえて焼き、焼き目をつける。上下を返し、表面の色が白く変わる程度にさっと焼く。

4 すぐに一口大に切り、**1**、**A**とあえる。

5 器に盛って、白ごまと、好みで糸とうがらしを散らす。

○1人分275kcal／塩分2.4g

きのこ白あえ

手でさいたきのこをさっと焼いて、しょうゆをひとたらし。
水きり不要の焼き豆腐をほぐしてあえるのみ。思いたったらすぐできる白あえ、やってみて。

●材料(3〜4人分)

しいたけ……6枚
えのきたけ……1袋(約100g)
しめじ……1パック(約100g)
まいたけ……1パック(約100g)
焼き豆腐……1丁(約300g)
A［白すりごま……大さじ1
　　うす口しょうゆ、砂糖……各大さじ1・1/2
しょうゆ……大さじ1

●作り方

1 しいたけは軸を除き、かさとともに食べやすい大きさに裂く。えのきたけは長さを半分に切り、しめじ、まいたけとともにほぐす。
2 フライパンに**1**を入れて火にかけ、約10分からいりする。しんなりしたら鍋肌からしょうゆをたらし、香りを立たせて全体にからめる。
3 焼き豆腐を手でざっくりとくずし、ボウルに入れる。**A**を加え、泡立て器で豆腐を潰すようにして混ぜ合わせる。
4 **2**を加え、へらでさっとあえる。

○1人分112kcal／塩分1.7g

●材料(3〜4人分)

れんこん……300g
えび……8尾
A
- 白みそ……大さじ4
- 酢……大さじ3
- 砂糖……大さじ1
- 練りがらし……小さじ1

塩……適量
酢……1/2カップ
万能ねぎの小口切り……3本分
白いりごま……少々

●作り方

1 れんこんは縦半分に切り、穴の部分を縦に切るようにして1cm四方、5cm長さ目安の棒状に切る。

2 鍋に**1**とかぶるくらいの水を入れ、塩少々、酢を加えて火にかける。竹串がすっと通るまで約8分ゆで、ざるにあけて湯をきる。

3 鍋に新たに湯を沸かし、塩少々とえびを殻つきのまま入れ、約1分20秒ゆでる。ざるにあけて湯をきり、粗熱をとる。殻をむき、竹串または包丁で背わたを取る。

4 ボウルに**A**を混ぜ、**2**と**3**を加えてさっくりあえる。

5 器に盛り、万能ねぎを散らして、白ごまをふる。

○1人分138kcal／塩分1.7g

れんこんとえびの
からし酢みそあえ

身のしまったシャキシャキのれんこんと
プリプリ食感の甘いえびをからし酢みそでさっくりあえた、
目にも舌にもうれしい惣菜。
れんこんの白、えびの紅でおめでたい感も。
えびのほかに、まぐろの赤身やゆでだこを合わせてもいい。
お正月やおもてなしにもおすすめ。

おわりに

とにかく書きたいことをいろいろ書かせていただいた。
文章のプロではないので読みづらい箇所、何をいっているのか意味がわからない箇所など、
多々あったかもしれないが、お許し願いたい
(その代わりといってはなんだが、レシピは完璧です)。

私がこの本で皆さんに伝えたかったのは家庭料理の本質だ。
そもそも家庭料理は難しいものではない。
少しくらい焦げてしまっても、作るのに時間がかかったって、
お店じゃないんだからいいではないか。
ネットで批評されることもない。
毎回味が違ったっていい。だから毎日食べても食べ飽きないのだと思う。
何品も作らなくても、だしをとらなくても、その日の状況に合わせて無理なく作ればいい。
大事なのは毎回の食事をどう考えているか、大切に思っているかである。
疲れている日もあるだろう。何もやる気がおきない日もあるだろう。
でも人間、食べなければ生きていけない。
無理しなくていい。おかず一品でも楽しい食事はできるはずだ。

バカ話をしながらでも、好きな音楽を聴きながらでも、
おいしいワインを飲みながらでも。
それぞれの家ごはんを楽しんでいただきたい。
２０２０年　冬　今回も私の並んだスーパーのレジでトラブルがあった。

賛否両論　笠原将弘

笠原将弘（かさはら まさひろ）
東京・恵比寿にある日本料理店「賛否両論」店主。1972年東京生まれ。実家は東京・武蔵小山で焼き鳥店「とり将」を営み、幼少の頃より父親に料理のセンスを磨かれ、育つ。高校卒業後「正月屋吉兆」で9年間修業、父の死をきっかけに「とり将」を継ぐ。2004年、「とり将」が30周年を迎えたのを機に、いったんクローズ。東京・恵比寿に“賛否両論出ることを覚悟で”オーナーシェフとして「賛否両論」をオープン。瞬く間に予約の取れない人気店になる。現在はテレビ、雑誌連載、料理教室から店舗プロデュースなど、多岐にわたり幅広く活躍。2013年９月に「賛否両論名古屋」を、2019年11月に「賛否両論金沢」を開店。著書に『鶏大事典』(小社刊)など多数。

実《じつ》は、一菜《いっさい》でいい。
おいしいおかずが一品《いっぴん》あれば、それで充分《じゅうぶん》という提案《ていあん》

2020年11月30日　初版発行

著者／笠原《かさはら》 将弘《まさひろ》

発行者／三宅 明

発行／株式会社KADOKAWA
〒102-8177　東京都千代田区富士見2-13-3
電話　0570-002-301（ナビダイヤル）

印刷所／凸版印刷株式会社

●お問い合わせ
https://www.kadokawa.co.jp/（「お問い合わせ」へお進みください）
※内容によっては、お答えできない場合があります。
※サポートは日本国内のみとさせていただきます。
※Japanese text only

定価はカバーに表示してあります。

ISBN 978-4-04-896885-0　C0077